股票交易利器

票易器

交利

——先行指标CCI

祁大鹏　主编

清华大学出版社

北京

内 容 简 介

本书主要介绍了先行指标CCI，其在实战中准确率比较高，使用方法比较简单，并能够据以提前判断大盘和个股的运行趋势。

本书主要介绍了先行指标CCI使用的五方面内容：第一方面是通过先行指标CCI运行的区间判断大盘或个股的强弱形态；第二方面是通过先行指标CCI比较简单的形态判断大盘或个股未来的运行趋势；第三方面是通过先行指标CCI运行的位置和停留的时间判断大盘或个股之后的运行形态；第四方面是通过先行指标CCI位置之间的关系判断大盘的大顶或大底；第五方面是精选实战操作中的两个案例，通过细节的描述让投资者能够体会股票买卖过程中市场特征的重要性。上述五方面内容都会详细地介绍当时的市场特征，并以案例的形式让投资者更好地理解相关内容。

本书内容实用性非常强，既适合在股市中久经历练的老股民，也适合刚刚开始在股市中投资的新股民；既适合喜欢长线投资的朋友，也适合喜欢短线投资的朋友。

图书在版编目（CIP）数据

股票交易利器：先行指标CCI / 祁大鹏主编. —北京：清华大学出版社，2023.11（2023.12重印）
ISBN 978-7-302-64831-4

Ⅰ. ①股… Ⅱ. ①祁… Ⅲ. ①股票交易—研究 Ⅳ. ①F830.91

中国国家版本馆CIP数据核字（2023）第195166号

责任编辑：石　伟
封面设计：钱　诚
责任校对：李玉茹
责任印制：曹婉颖
出版发行：清华大学出版社
　　　　网　　　址：https://www.tup.com.cn, https://www.wqxuetang.com
　　　　地　　　址：北京清华大学学研大厦A座　　　邮　　编：100084
　　　　社 总 机：010-83470000　　　　　　　　邮　　购：010-62786544
　　　　投稿与读者服务：010-62776969, c-service@tup.tsinghua.edu.cn
　　　　质量反馈：010-62772015, zhiliang@tup.tsinghua.edu.cn
印 装 者：三河市天利华印刷装订有限公司
经　　销：全国新华书店
开　　本：187mm×250mm　　印　　张：12.25　　字　　数：264千字
版　　次：2023年11月第1版　　　　　　　印　　次：2023年12月第2次印刷
定　　价：88.00元

产品编号：067825-01

前　言

投资者都知道，想在股市中实现收益最大化是很难的，很多投资者买了股票之后无论涨跌都选择长期持有，不懂得参与长线短作的策略，可能实现盈利都很难。本书中的内容既有符合喜欢长线持股的投资者的战法，也有符合短线投资者的战法。

先行指标 CCI 是一种多数时间能够提前判断大盘或个股运行趋势的指标，笔者通过深层次剖析该指标的使用方法，能够使投资者摆脱纷繁复杂的判断大盘或个股的方法，用最简单、最直接的方法找到买入或卖出股票的理由。判断买卖股票的方法很多，对于投资者来说，只要掌握一两种适合自己的方法，就可以实现从亏损到盈利再到收益最大化。俗话说："一招鲜，吃遍天。"投资者如果能够很好地理解先行指标 CCI 在实战中的使用方法，在股市中百战百胜也许做不到，但长期实现盈利并不难。

笔者很多包括先行指标 CCI 在内的实战方法都是经过反复的模拟操作、实盘操作后总结出来的，投资者只要能够牢记战法中的市场特征，就能够在实战中使用。如果投资者在实战中应用并能够体会交易过程中的心态变化，不用太久，就能够灵活地应用先行指标 CCI 并实现收益最大化。

本书特点

特点 1：10 章内容丰富多彩

本书首先介绍了先行指标 CCI 的形态、位置、背离等比较基础的内容；其次介绍了先行指标 CCI 的运行形态、运行时间、运行高度等常规战法；再次介绍了先行指标 CCI 高点与高点、低点与低点的关系，并利用它们之间的关系判断大盘的大顶、大底，也可以判断个股出现高点或低点的位置和时间；最后介绍了两个实战中的案例，通过实战案例，投资者可以对大资金交易股票有全新的认识。

特点 2：30 种战法

本书介绍了 30 种战法，涵盖了大盘和个股上升形态、下跌形态、强势震荡形态、弱势震荡形态，特别是大盘和个股构筑大顶形态和大底形态等几乎所有大盘或个股的运行形态。投资者只需把本书中介绍的先行指标 CCI 的 30 种主要战法看懂会用，就能够比较好地把握大盘和个股的运行形态。比如，第九章介绍了判断大盘大顶和大底的方法，这些方法不需要去分析复杂难懂的基本面，也不需要研究股票交易软件中数百种分析方法，更不用研究主力的炒作意图，只需要对照本书中先行指标 CCI 战法中谈到的几个市场特征，就能够比较准确地判断大盘的大顶或大底。本书中除了先行指标 CCI 的 30 种主要战法外，还介绍了很多实战中的技巧，比如盘口、被动性买盘、被动性卖盘、逃顶抄底战法等。特别是使用先行指标 CCI 时，如果能够配合 RSI（相对强弱指数）判断大盘或个股，其效果会非常好。

特点 3：92 个案例

本书通过 92 个案例详细地介绍了先行指标 CCI 的 30 种主要战法，通过案例剖析详细地介绍了每一种战法的重要市场特征，其中有些案例是从市场主力的角度解释先行指标 CCI 在实战中的重要性。

语言特色

书中对每一种战法和案例的描述都使用了最简单、最容易理解的语言，即使读者从来没有接触过先行指标 CCI，只要对照电脑软件中指标的形态多看几遍，就能够学懂会用。

章节介绍

第一章主要介绍先行指标 CCI 的原理、运行区间和一些比较简单实用的短线战法。本章属于先行指标 CCI 战法中比较基础的内容。作用：投资者通过学习本章的内容，能够对先行指标 CCI 有一个全新的认识，为更好地学习之后章节的内容打好基础。

第二章、第三章主要介绍先行指标 CCI 的一些常见形态，比如 M 头、W 底、买入背离和卖出背离等。作用：投资者学习了这两章的内容，就能够比较灵活地使用先行指标 CCI 判断大盘或个股的短线形态、中线形态。

第四章主要介绍先行指标 CCI 运行过程中的角度变化，该指标上升形态中的角度变化传递了做多能量的强弱。作用：投资者学习了第四章内容，就能够比较准确地判断大盘或个股出现高点或低点的位置，就能够在次高点卖出股票，在次低点买入股票。

第五章、第六章主要介绍先行指标 CCI 在上升形态和下跌形态中的使用方法，大盘或个股完成下跌即将上涨前，先行指标 CCI 能够比较准确地提示大盘或个股即将发生趋势性改变。作用：投资者学习了第五章、第六章内容，就能够提前判断大盘或个股中期趋势，基本可以做到在底部区域提前完成建仓，在顶部提前全线撤退。

第七章主要介绍先行指标 CCI 下跌的抵抗形态，通过 K 线与指标之间的关系判断多空能量的变化。作用：投资者学习了第七章内容，就能够判断大盘或个股经过一段时间较长、跌幅较大的下跌形态后是否已经见底。

第八章主要介绍先行指标 CCI 在 0 轴上方停留的时间，投资者可以通过该指标在 0 轴上方停留的时间判断大盘之后的走势。作用：投资者学习了第八章内容，就能够判断什么时候可以追涨，什么时候可以杀跌。

第九章主要介绍如何使用先行指标 CCI 判断大盘的大顶和大底。这里的大顶是指指数完成顶部构筑以后至少会下跌前期上涨幅度的 50% 的下跌行情，大底是指指数至少出现 50% 甚至一倍上涨行情的顶部。作用：投资者学习了第九章的内容，可以提前判断大盘的大顶或大底，可以在牛市启动前提前布局，可以在熊市下跌前撤退。

第十章主要介绍两个实战中的案例，让投资者更清楚地认识主力在实战中的操作技巧。作用：投资者学习了第十章的内容后，在实战交易中能够更清楚地看懂主力的意图，不会被主力的操作技巧欺骗。

编　者

目　录

第一章

先行指标 CCI 概述及
实战应用

第一节　先行指标 CCI 在实战中的前瞻性

一、寻找适合自己的投资方法

投资者买卖股票时都会有自己的判断买卖点的方法，有些方法准确率比较高，有些方法准确率比较低。实际上买卖股票的方法很多，比如，K 线图、技术指标、成交量、能量、盘口等都是判断大盘或个股低点、高点的重要方法。有些投资者可能喜欢使用 K 线，有些投资者可能喜欢使用成交量，只要使用得当都会对买卖股票有一定的帮助。买卖股票的方法是否有效取决于使用的方法是否与投资者的性格相符。例如，某位投资者性格比较急躁，适合做短线，却经常使用 MACD（平滑异同移动平均线）这种中长线趋势指标，结果肯定不尽如人意；相反，某位非常有耐心的投资者，经常使用盘口判断大盘涨跌，也很难达到预期的效果。本书介绍实用性非常强的，能够在大盘或个股上涨前提前发出买入信号、在大盘或个股下跌前提前发出卖出信号的技术指标 CCI（commodity channel index，顺势指标）。笔者把这个技术指标 CCI 叫作先行指标 CCI，主要是因为这个指标有一定的前瞻性，可以据以提前判断大盘或者个股是否出现高点和低点。先行指标 CCI 不像其他技术指标和大盘同步运行，大盘跌了它才会发出卖出信号，大盘涨了它才会发出买入信号，而是会提前发出趋势性改变的信号。

很多投资者都有这样的经历：大盘看上去还挺强，个股表现得也非常好，大部分投资者都乐观地看涨之后的行情。可是之后两三个交易日，有时候会时间稍长一点，大盘就开始改变原来的运行形态向相反的方向运行。大盘下跌了，一些技术指标才发出卖出信号。而先行指标 CCI 的特点是多数时候能够在大盘或个股上涨的末端提前发出大盘或个股即将转弱的信号。请各位注意，几乎每一次先行指标 CCI 发出明确的信号之后，大盘或个股都会按照先行指标 CCI 信号提示的方向运行。这就是笔者推荐投资者使用先行指标 CCI 的原因。

学习先行指标 CCI 实际上很简单，笔者将用最通俗的语言描述该指标的使用方法。先行指标 CCI 比很多其他技术指标使用的时候都简单，只需要在使用的时候注意先行指标 CCI 的位置、形态、持续的时间、运行的趋势等就可以比较准确地判断大盘或个股当时的状态。任何技术指标都很难用文字描述清楚，直观地观察技术指标的形态就很容易理解技术指标的使用方法。先行指标 CCI 和其他技术指标一样，形态看得多了，就很容易明白如何使用。当投资者知道使用方法的时候，再回头看，你会发现根据这个指标判断大盘和个股非常有效。

二、先行指标 CCI 拒绝与股价同步同向运行

先行指标 CCI 是多数时候能够比指数或股价的走势变化提前发出买入或卖出信号的技术指标。有些时候先行指标 CCI 能够提前几个交易日发出即将止跌企稳开始上行或上攻遇阻即将下跌的信号。如果技术指标能够提前一天发出大盘或个股趋势改变的信号，投资者就能很好地把握市场机会，回避市场风险。如果能够用好先行指标 CCI 的前瞻性，再配合形态理论中其他的方法，实现盈利并不是太难的事。

绝大多数技术指标都是与股价同向、同步运行，股价涨了，技术指标就会向上；股价跌了，技术指标就会向下。除了出现买入背离形态或卖出背离形态和有些特殊的形态很难通过技术指标的走势判断股价的中短期运行趋势。所以说，绝大多数的技术指标多数时候对判断指数或股价的运行形态作用不大。

先行指标 CCI 运行到上涨形态的末端或下跌形态的末端，在股价没有改变原来运行趋势的时候，可能会提前出现趋势性改变。比如说，股价还在上涨，甚至是加速上涨，先行指标 CCI 可能已经拒绝上涨或开始掉头向下；反之，股价还在下跌，甚至是加速下跌，先行指标 CCI 可能已经拒绝下跌或开始掉头向上。这就是先行指标 CCI 的前瞻性。

指数或股价上涨，先行指标 CCI 拒绝上涨，说明这时候的做空能量越来越强，当时的指数或股价是靠着做多能量的惯性上行的。惯性持续的时间不会很长，做多惯性减弱指数或股价就会掉头向下。各位可能注意到了，指数或股价靠惯性上涨的时候，先行指标 CCI 已经开始拒绝上涨或掉头向下了。这时候就是投资者冷静做出操作策略的最佳时间。

投资者可能觉得只要掌握了先行指标 CCI 的前瞻性就能够很好地把握买点或卖点，正常情况下这样说没有问题。但对于很多掌握了先行指标 CCI 的投资者来说，指数或股价惯性上涨的时候，能够理性地按先行指标 CCI 提示的方向买入或卖出股票的投资者真的很少。因为当时从市场气氛很难看出指数或股价即将下跌，当时的市场气氛非常火爆，机构投资者、中小投资者可能空前一致地看涨，投资者这个时候能控制住贪欲不去追涨就已经很了不起了，按提示理性地卖出股票的投资者会很少。

股市大涨，很多股票疯狂上涨，投资者想的是把所有的钱买成股票，疯狂追涨，不计成本地追涨对于已经疯狂的投资者来说很正常。给各位讲两位比较疯狂的投资者当时的状态。第一位是投资金额比较大的投资者，2015 年大盘疯狂上涨，很多投资者拿出全部家当投资股市，这位投资者也是一样。自己的钱都买了股票，就去证券公司融资。因为当时的市场太过火爆，证券公司能够提供的融资额度捉襟见肘，基本上处于没有额度的状态。想要融资只能等到有其他投资者将持有融资的股票卖掉，证券公司才会有融资额度。我们这位投资者就雇了几名员工，用几个融资账户不停地挂单融资买入，这样就能第一时间融到其他投资者卖出融资买入股票的资金。笔者认为，这样的做法太疯狂了，这样融资买入股票可以用不计成本、不计数量来形容，只要券商融资资金能借到就直接买入。任何理性的投资者都不会去做这样的事，不计成本地买入股票的风险无法控制，加杠杆融资买入的风险更是无法控制。

市场疯狂过后能够保住利润全身而退的投资者寥寥无几，股价完成第一段下跌出现亏损的投资者的比例可能超过 60%，第二段、第三段下跌结束后能够实现盈利的投资者也许不到 5%，大部分投资者亏损 50% 以上。这位每天雇人融资不停地挂单买股票的投资者和多数人一样出现了巨额亏损。请各位注意，这是一拨大牛市刚刚结束，牛市上涨时多数投资者都在疯狂，都忘了风险意识，都忘了包括先行指标 CCI 提示的大盘或个股已经出现了非常明确的卖出信号。

各位投资者，当我们学会了一种准确率比较高的判断大盘或个股买入或卖出的方法时，一定要学会在市场疯狂的时候理性地对待，反复验证已经出现的买入或卖出信号是否与准确率较高的使用方法一致，如果一致就要按提示坚决执行。

第二位投资者更加疯狂，他是 2015 年股市行情最火爆时入市的投资者。这位投资者非常坚定地认为有钱就买股票，买什么股票都行，能借钱买就去借钱买；买了就挣钱，不可能赔钱。这让我想起了 2015 年下半年中央电视台《焦点访谈》节目访谈一位海归基金经理。主持人问了很多问题，其中一个问题是怎么看大盘出现大幅下跌，那位海归基金经理说"我都不知道大盘可以这样跌"。实际上，这位海归基金经理和那位刚入市的投资者都没有经历过完整的股市，只看到了涨的时候买股票会有盈利，却不知道股市的风险有多大。任何没有风险意识的投资者都不适合在股市长期交易。

我们来看一个先行指标 CCI 具有前瞻性的案例。2022 年 7 月 21 日通润装备（股票代码为 002150，为了行文简洁，以后这种"股票代码为"一般不加）拉出第一个涨停板（见图 1-1），之后的 5 个交易日股价连续涨停。先行指标 CCI 在股价运行到第四个涨停板时掉头向下，从 0 轴上方的极端区间运行到非常态区间。请各位注意，这时候的先行指标 CCI 已经发出股价即将转弱的信号，股价之后的上涨属于做多能量的惯性作用。涨停的第五个交易日，成交量巨大，说明多空双方已经出现严重的分歧。由于当时的市场气氛非常好，几乎没有投资者相信股价会下跌。

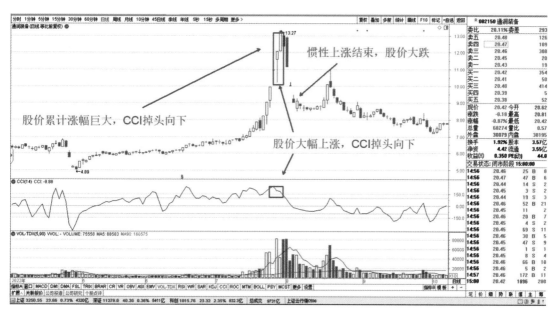

图 1-1　2022 年 7 月 21 日通润装备（002150）拉出第一个涨停板

看到这个案例，投资者要记住：股价和先行指标 CCI 不能同步、同向运行时要注意上涨或下跌风险；如果股价出现了非常大的涨幅或跌幅，股价和先行指标 CCI 出现不同步更要引起高度重视，很可能几个交易日后就是新一轮上涨或下跌的开始。7 月 29 日，通润装备跳空低开，仅用了 5 个交易日股价就从 13.27 元下跌到 8.5 元；两个多月以后股价下跌到 7.2 元，最大跌幅达到 45.7%。如果投资者在先行指标 CCI 提示股价可能出现趋势性改变的当日或第二日卖出股票，就可以规避短线大幅下跌的风险。

第二节　先行指标 CCI 的定义及原理

一、先行指标 CCI 的定义

先行指标 CCI 是专门用来判断股价在交易中是否已超出常态分布范围，是判断超买超卖类指标中较特殊的指标。它在正无穷大和负无穷大之间波动；0 轴不是最重要的，但必须重视，可以把 0 轴假设为中轴线。先行指标 CCI 主要传递了以下几个信息。① CCI 在交易中是否已超出常态范围。② CCI 是判断超买超卖类指标中比较特殊的指标。③ CCI 运行在正无穷大和负无穷大之间，这是为了防范股价大幅上涨或者快速下跌出现钝化（钝化是指技术指标形态发生黏结，导致该指标失去指示意义，多数时候是指标高位钝化和指标低位钝化）。④我们可以把 0 轴假设为中轴线。比如说 MACD 有 0 轴对不对？相对强弱指数（RSI）可以把 50 当作中轴线，那么我们可以把 CCI 的 0 轴也当成中轴线。

二、先行指标 CCI 的原理

先行指标 CCI 是根据统计学原理，通过价格固定期间的股价平均期间的偏离程度判断趋势的一种技术指标。有的时候我们在使用一些技术指标的时候，不需要太看重它们的原理，因为有的原理比较复杂。实际上很多技术指标都是通过统计学、力学、心理学等学科转化而来的。

先行指标 CCI 比较独特之处在于永远不会钝化，可以提高技术指标使用时的准确率。大家都知道很多技术指标在 0 到 100 之间运行，只能反映常态行情。股票行情软件中有很多只能反映常态行情的指标，比如 KDJ。我们经常能看到有一些个股股价持续上涨，技术指标运行到 98 或 99 就开始钝化了，不能反映当时股价的真实走势。先行指标 CCI 在这方面具有比较独特的优势，对于那些短期内暴跌暴涨的股票，不会发生指标钝化。

先行指标 CCI 波动于正无穷大和负无穷大之间，因为它不会钝化，这样有利于投资者更好地判断指数或股价的走势，特别是判断短期暴涨暴跌的非常态行情。我们之后会引入几个概念，大家就会知道什么是常态区间、什么是非常态区间等。这里需要特别地提示一下，停盘时间较长或有重大利多利空的个股，比如连续跌停或者连续涨停，不能使用任何技术指标判断趋势，当然也不能使用先行指标 CCI 判断买点或者卖点。由于重大资产重组等原因，很多股票停盘很长时间，比如说有些股票停盘几个月后开盘了，复盘公告信息是重大利空，开盘后天天跌停，这个时候不可以使用先行指标 CCI 判断买点或者卖点。如果使用先行指标 CCI 判断买点或者卖点，很容易赔钱，因为这个指标在这种极端走势状态下是不能用的。

第三节　先行指标 CCI 的运行区间

先行指标 CCI 正常情况下是在正无穷大到负无穷大之间运行，但是 CCI 不可能向上运行的时候涨得很高，向下运行的时候跌得很低，多数时候会在某一个区间震荡。很多时候先行指标 CCI 在 100 和 -100 之间运行，我们把这个区间称为常态区间，这是我们引入的第一个概念。

先行指标 CCI 在常态区间运行时，我们只观察它的形态变化。举个例子，观察先行指标 CCI 是不是出现买入背离（见图 1-2）或者卖出背离（见图 1-3），是不是出现头肩顶、头肩底、M 头或 W 底等。我们观察它的形态，看当时先行指标 CCI 是怎样运行的，同时也可以配合使用逃顶抄底战法中的技术指标 RSI。请各位记住，常态区间是 100 到 -100 之间，如果涨到 110 或更高或跌到 -100 以下就都不属于这个区间了。

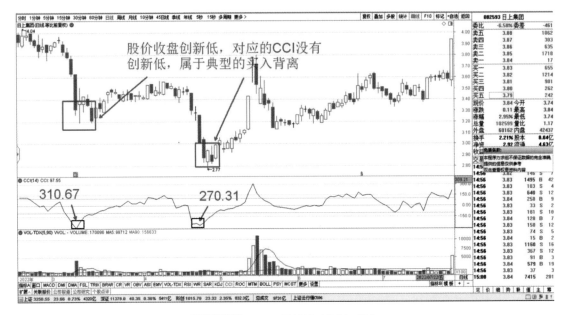

图 1-2　CCI 是否出现买入背离

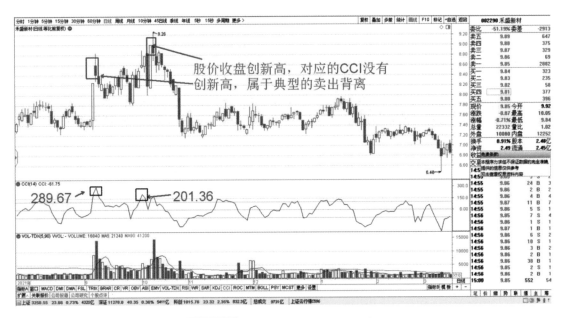

图 1-3　CCI 是否出现卖出背离

第四节　先行指标 CCI 非常态区间的操作要点

一、先行指标 CCI 非常态区间的运行范围

　　下面引入先行指标 CCI 中的第二个概念——非常态区间。当先行指标 CCI 对应的数值（为行文简洁，这种"对应的数值"一般不加）运行到 100～200 或 -200～-100 时，我们称这个区间为非常态区间，表明这时的做多或做空能量比较强。比如，先行指标 CCI 运行到 120、130，甚至 180，只要先行指标 CCI 没有改变向上的运行形态，投资者就可以寻机买入股票。如果当时持有股票，那你就要耐心等待，等待股票继续上涨。

　　当先行指标 CCI 向上突破 100 进入非常态区间后，只要先行指标 CCI 向上运行，就表明股价保持强势，投资者可以耐心等待股价继续上涨；只要股价不拐头向下，我们就不着急卖出，要等着股价继续涨。有的时候可能先行指标 CCI 运行到 160 附近也没拐头，可能觉得都这么高会调整。也可能 CCI 对应的数值从 160 运行到 180，对应数值只涨了 20，但股价涨了 8% 甚至涨了 10% 以上。所以说，在先行指标 CCI 突破 100 的时候，只要不拐头，我们要做的就是耐心地等着股价震荡上涨（见图 1-4）。

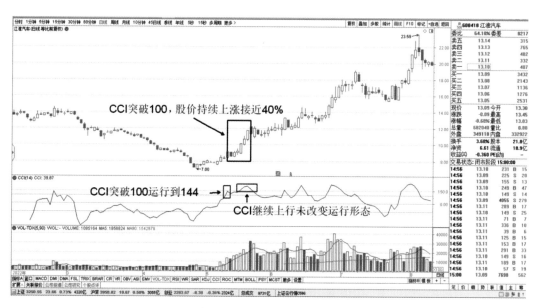

图 1-4　先行指标 CCI 突破 100

二、先行指标 CCI 运行在非常态区间的操作原则

当先行指标 CCI 在 100 以上的非常态区间开始掉头向下时，表明股价强势状态即将结束，是股价短线改变运行方向的信号，如果前期短线涨幅太大，就可以认定股价即将下跌。

给大家解释一下如何理解上述的操作原则。当先行指标 CCI 在 100 以上的非常态区间开始掉头向下时是指先行指标 CCI 从 0 轴下方由下向上运行到 100 以上，这个运行形态一般会有反复，特别是在 0 轴附近时股价多数时候会短暂遇阻。先行指标 CCI 呈现向上运行、回调或横向运行，延后再向上运行。请注意，如果先行指标 CCI 直接向上运行中间没有回调，不适用上述的方法。

当先行指标 CCI 符合上述形态并开始掉头向下时，特别是股价再次冲高，先行指标 CCI 没有同步向上运行时，各位要小心，因为这时候先行指标 CCI 已经开始发出转弱信号。笔者再次强调，先行指标 CCI 发出买卖信号时多数时候会提前于股价或大盘的走势变化。也就是说，当先行指标 CCI 发出卖出信号时，当时的股价还是很强的，股价呈现继续上涨的态势。这个阶段的上涨并不是当时的做多能量有多强，而是之前强势上涨的惯性所致（见图 1-5）。大家都知道，高速运行的汽车就算把刹车踩死，汽车也会由于惯性向前行进一小段距离。股票的上升趋势形成之后，很少有外力（这里的外力指的是突发的利空消息）影响；没有外力影响，想在很短的时间里改变上升趋势是很难的。因此，先行指标 CCI 发出卖出信号时，个股的形态已经由最强的状态开始转弱，但由于惯性的原因股价会继续向上运行几个交易日，有的时候上升趋势的惯性甚至可以推动股价运行一周以上。在股价惯性上涨阶段，很多投资者的心态会发生变化，会越来越相信股价将继续涨，所谓的追涨杀跌中的追涨往往出现在这个阶段。

若先行指标 CCI 在非常态区间 100 以上掉头向下，如果这时的股价已经涨幅很大，比如股价最近一拨的上涨幅度达到 50% 以上甚至涨幅超过 100%，那么个股调整的概率就非常高（见图 1-6）。一般遇到这样的情况，投资者一定要注意在先行指标 CCI 拐头之后的几天的形态，如果您经验丰富，可以寻找最佳卖点卖出股票；如果没有把握找到最佳卖点，可以考虑直接降低仓位，股价越涨，就越坚决地卖出，学会规避可控风险。这里所谈的可控风险就是可以使用最简单的方法，比如报表、公告、准确率

很高的形态等方法能回避下跌概率很大的市场风险。每年的年报、半年报公布前都会有预告，如果已经预告了下一个报告期业绩会大幅下跌，就要考虑在下一个报告期公布前一段时间不要再买入这样的个股。若先行指标 CCI 在 100 以上掉头向下，也很明确地告诉你，股价要跌了，这时候就应该找机会降低仓位，以回避之后的下跌。

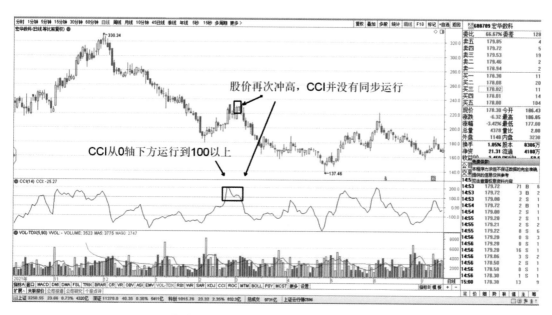

图 1-5　先行指标 CCI 发出卖出信号

图 1-6　先行指标 CCI 在非常态区间 100 以上掉头向下

第五节　先行指标 CCI 直接跌到 0 轴下方的非常态区间要减仓

一、先行指标 CCI 直接跌到 -100 以下形态转弱

当先行指标 CCI 发出卖出信号后，对应的股价已经走弱，可能已经运行到下跌形态。如果先行指标 CCI 向下直接跌破 -100 运行到非常态区间，表明股价的弱势状态已经形成，投资者应以持币观望为主。如果持仓较重要，在之后的反弹过程中应逢高大幅降低仓位。

当先行指标 CCI 从下向上完成一个上升形态后，先行指标 CCI 对应的参数在 100 以上的非常态区间掉头向下，开始一路下跌，不出现反弹或横盘替代反弹。比如，先行指标 CCI 从 60 运行到 180 后不再上涨，开始掉头向下运行，先行指标 CCI 对应的参数从 180 直接跌到 -110，下跌过程中没有出现反弹。请注意，这里所说的没有出现反弹是指先行指标 CCI 没有出现反弹，而不是股价没有出现反弹。实际上，很多时候先行指标 CCI 开始下跌时，对应的股价可能会震荡或小幅上涨；也有时候，先行指标 CCI 横向运行，同一时间股价却出现了反弹。因此，先行指标 CCI 和很多技术指标不同的是，该指标与股价之间的关系是有前提条件的，不是简单的股价上涨，先行指标 CCI 就会上涨；股价下跌，先行指标 CCI 就会下跌。

当先行指标 CCI 直接下行，下跌形态没有任何抵抗的时候，投资者要做的是尽快做出减仓或清仓的决定。先行指标 CCI 出现上述形态时个股已经有一定幅度的下跌，很多投资者在这个时候不愿意卖出手中的个股，主要原因是当时的价格距离高点可能已经有一定幅度的下跌，总是期望反弹后再卖。当先行指标 CCI 运行的是其他形态，投资者愿意承担一些风险时，等待是可以的；而先行指标 CCI 运行的形态是笔者刚刚描述的这种形态，投资者就不能犹豫。因为这时股价已经出现下跌，虽然有一定的跌幅，但距离完成下跌形态还很远，这时候的下跌只是刚刚开始，后面要下跌的幅度要远远大于之前下跌的幅度。或者说，当先行指标 CCI 运行到 100 以上之后，股价越走越高，一旦掉头了，掉头下来以后股价就不再反弹。那么，投资者要做的就是赶紧撤退。

各位想一下，如果一个股票下跌过程中连抵抗都没有，足以说明主力坚决出货的

决心。既然主力坚决出货，投资者还有什么理由不跟着一起做空呢？如果这时候投资者不跟着主力同步做空，最后的结果就是股价越跌越多。因此，当先行指标 CCI 出现从上向下急跌不反弹的时候，投资者就要果断撤退，不要计较当时的股价已经出现一定幅度的下跌，也不要期待反弹之后再清仓。

先行指标 CCI 直接跌破 100 是指对应的参数从 100 以上的非常态区间直接跌到 -100 以下的非常态区间。先行指标 CCI 运行到 -100 以下并停留一段时间表明这个时候的股价弱势状态已经形成，投资者应该观望，不要因为看到短线股价跌幅已经比较大就急于进场做多。

正常情况下，先行指标 CCI 以上述形态运行直接跌到 -100 以下都会有技术性反弹，但一般持续的时间比较短，稍做犹豫就可能错过卖出的机会。因此，实战操作中遇到上述形态，我们会选择适当的机会减仓或持币观望。比如，先行指标 CCI 跌到 -100 以下，某只股票从 10 元跌到 8 元，一直跟踪这只个股的投资者买入的愿望一定很强，但因为先行指标 CCI 已经跌到了 -100 以下的非常态区间，证明这个股票的形态已经弱了，这时候就不能买入股票，我们看到的 10 元跌到 8 元可能只是下跌的开始。

很多投资者经常会期待自己持有的股票短期大涨，这种可能不是没有，但任何大涨的个股都会有由弱转强的过程，这个过程需要很长时间。形态理论能量篇有这样的描述，当一只个股运行到弱势形态后，就会有部分持股的投资者极度悲观，最后选择卖出。这部分投资者卖出股票很可能是最后的做空能量释放的过程，做空能量充分释放后，多空能量开始发生变化，做多能量慢慢增强，做空能量越来越弱。而先行指标 CCI 直接跌破 -100 时就是做空能量最后的释放阶段，大级别调整形态运行到这个阶段后会持续很长时间，即使是小级别调整形态运行到这个阶段可能也会持续一两周。因此，当先行指标 CCI 运行到 -100 到 -200 的非常态区间时，不要着急进场做多，耐心等待是最好的策略。

二、先行指标 CCI 直接跌到 -100 以下案例分析

下面举几个例子，各位会更清晰地理解上述形态出现后股价下跌的风险有多大（见图 1-7）。

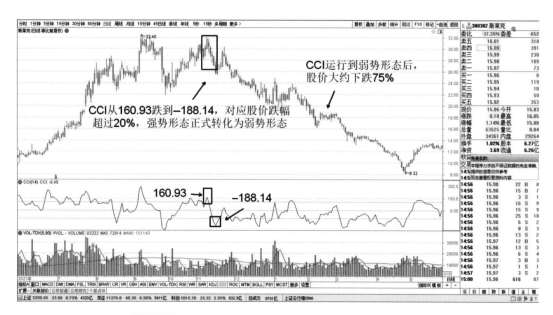

图 1-7　先行指标 CCI 直接跌到 -100 以下的风险

2019 年 11 月 9 日，斯莱克（300382）的股价在构筑双头后开始调整，日线对应的先行指标 CCI 从第二高点 160.93 直接运行到 -188.14，其间该股股价从 31.98 元跌到 25.41 元，短线跌幅达到 20.5%。该股仅用了 6 个交易日股价就下跌了 20% 以上，可以用短线跌幅较大来形容，这时候会有一些投资者考虑参与短线超跌反弹。如果您是炒短线高手，参与这种风险极大的超跌反弹确实有机会获得盈利，但对于多数投资者来说，这种形态的超跌反弹很可能成为套牢的开始。原因很简单：①投资者很难买到最低点，开始反弹一两个交易日进场参与反弹时股价已经上涨一定空间。②多数时候股价快速反弹后会马上掉头向下，很快就跌破反弹前的低点。③从市场热度看，因为股价距离高点很近，很少有人相信其后会大幅下跌。因此，短线买入后股价下跌愿意选择止损的投资者寥寥无几。

如果斯莱克股价跌幅足够大，但先行指标 CCI 并不是从 100 以上直接无抵抗地跌到 -100 以下，投资者适当地参与反弹还是可以的。但该股日线先行指标 CCI 的形态符合卖出的操作原则，就不能冒险参与反弹。我们看到之后的几个月，斯莱克的股价从先行指标 CCI 符合卖出操作原则后的反弹高点 30.29 元直接跌到 8.32 元。看到这个下跌幅度，各位就能够明白笔者重点强调出现上述市场特征后要做的就是坚决卖出股票，大幅降低仓位，同时不要急于参与短线的技术性反弹的原因了。

再来看另一个案例。2022 年 3 月 31 日，飞天诚信（300386）完成了下跌过程中的技术性反弹（见图 1-8），其后的 5 个交易日股价从 15.2 元跌到 12.3 元，累计跌幅接近 20%，一直跟踪该股的投资者看到这种短线大幅下跌的个股后想参与短线反弹的一定不会太少。有这种思维是正常的，但在股市中很多看上去正常的思维方式得出的结论往往是错误的。各位看看该股的 K 线图，如果真的参与反弹，几乎连短线微利卖出的机会都没有。该股只做了一天的抵抗就开始下跌，股价从 12.5 元直接跌到 8.81 元，跌幅达 29.5%。

图 1-8　2022 年 3 月 31 日飞天诚信（300386）完成下跌过程中的技术性反弹

很多投资者会问为什么股价已经跌了 20% 之后没有反弹就能继续大跌。出现这样走势的原因就是先行指标 CCI 走出了弱势形态，直接从 100 以上跌到 -100 以下。很多时候，股价没跌下来之前大部分投资者是不会相信在先行指标 CCI 发出了卖出信号后还会跌很多的。笔者有这样一次经历：2018 年 7 月，笔者当时关注了一只中药类个股片仔癀（600436），当时的股价是 120 多元，笔者使用形态理论中包括先行指标 CCI 在内的多种方法判断，认为片仔癀股价会跌到 70 元附近。得出这个结论后笔者自己都不太相信这样一只白马股怎么可能出现如此大的下跌幅度，但三个多月后股价跌到了 70.13 元。股价跌到了预期的 70 元附近后，笔者并没有马上出手买入，而是开始怀疑是不是片仔癀公司出了问题。笔者只犹豫几个交易日股价就上涨到 80 元附近，考虑到短线涨幅有点大就没有直接建仓，期待股价跌下来再建仓，就这样错过了一只七倍的大牛股。片仔癀从 70 元开始上涨，只用了不到三年的时间，股价就上涨到 490 元。

投资者买卖股票的过程中是不是也出现过笔者的这种心理变化？出现这样的心理变化很正常。如果对关注的股票了解得更深刻，就不会出现质疑自己的情况。因此，做任何一次交易的时候都应该有强有力的买入或卖出依据，只有这样股价出现大幅调整时才能不质疑，更不会错过买点或卖点。请记住，先行指标 CCI 从 100 以上直接无抵抗跌到 -100 以下时，唯一要做的就是找机会卖出符合上述市场特征的个股。

第六节　先行指标 CCI 运行在非常态区间的短线策略

一、非常态区间可以短线追涨杀跌

先行指标 CCI 在 100 以上 200 以下运行或在 -100 以下 -200 以上运行，上述两个区间属于非常态区间，说明当时的股价比较强或比较弱。先行指标 CCI 的运行方向决定之后的股价继续走强还是持续走弱。操作策略上，先行指标 CCI 运行在 0 轴上方的非常态区间时可以短线买入，运行在 0 轴下方的非常态区间时可以短线卖出，但上述操作都是短线甚至是超短线策略。

先行指标 CCI 运行到 100 以上 200 以下的非常态区间，指数或者个股就会保持比较强的状态，实战操作时短线是可以跟进买入的；相反，先行指标 CCI 运行到 -100 以下 -200 以上的非常态区间，指数或者个股就会持续走弱，实战操作时是可以短线卖出的。短线买入赚到几个点，短线卖出有几个点的差价就要考虑卖出或买入，因为这样的形态只适合短线策略。如果短线买入获利没能及时卖出，先行指标 CCI 开始掉头向下运行，也许股价还能再涨一两个交易日，也可能马上开始调整，投资短线买入股票的利润可能很快就会交还给市场。如果当时股票的形态比较弱，或者是股价已经反复冲高，继续持股可能是中期被套。相反，先行指标 CCI 跌到 -100 以下，说明形态已经走弱，有继续下跌的可能。如果这时候持有符合短线卖出做差价的个股，短线卖出后能有几个点的差价就要考虑买回来。原因很简单，因为这种策略只适合短线操作。如果短线卖出后有差价没能及时买回来，先行指标 CCI 在 -100 以下掉头向上运行，最多几个交易日，股价就会开始上涨，至少会有短线技术性反弹。

　　一般情况，先行指标 CCI 运行到 0 轴上方的常态区间，个股形态转强，股价上涨，投资者如果没能及时短线跟进，看到股价继续上涨，心态就会发生变化，可能追高，本来可以赚到的几个点的差价就可能错过。先行指标 CCI 运行到 0 轴下方的非常态区间，个股形态符合战法要点，投资者短线卖出后，投资心态比较差的投资者看到股价上涨开始可能会犹豫，等涨起来就会担心买不回来，这时候买入价格也许会比短线卖出时还高，这样做就违背了先行指标 CCI 短线操作原则。对于多数投资者来说，某只股票完成一次短线操作后，要学会等机会，等下一个短线高抛或低吸的机会。股票操作不是每天都要交易的，一定要耐心地等待盈利的机会比较大、亏损的机会相对小时再出手。

二、非常态区间短线操作案例分析

　　我们来看先行指标 CCI 向上突破 100 以后短线操作的案例（见图 1-9）。2022 年 6 月 22 日，金石亚药（300434）日线先行指标 CCI 从 -100 以下直接运行到 112，当日该股收盘收出中阳线。实战中当技术指标或 K 线形态符合买入条件后，可以考虑先适当建仓以免错过短线操作的机会，如果第二日或第三日继续符合买入条件就要提高仓位。次日，该股低开，只在前收盘价下方停留了 30 分钟就开始上涨，股价低位震荡成交量有异常迹象（这里的异常指的是股价放量不跌），说明开盘后有资金在买入。既然先行指标 CCI 符合短线操作条件，又出现了资金买入的迹象，继续加仓就是首选策略。

　　当日该股最大涨幅接近 8%，达到了预期短线操作的目标，果断地卖出上一个交易日收盘前买入的仓位；次日该股股价再次冲高，继续卖出手中剩余的筹码。这时候，短线操作也就结束了，只需要耐心等待下一个市场机会。假设没有按计划卖出，之后的一小段时间，股价反复震荡，很容易让投资者认为是强势洗盘，从而等待突破。如果错过短线获利卖出的机会，先行指标 CCI 第二次冲高回落时，该股新一轮下跌也就开始，不到三个月的时间，股价下跌了 30%。很多时候，投资者买入后已经有一些利润，就是不知道获利了结，总期望股价涨得更高，但结果并不是很好。

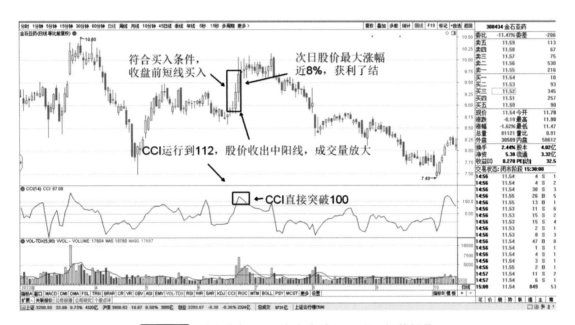

图 1-9　先行指标 CCI 向上突破 100 以后短线操作

下面我们再来看一个先行指标 CCI 有效跌破 -100 后短线卖出做差价的案例（见图 1-10）。2022 年 4 月 25 日，聚辰股份日线对应的 CCI 有效跌破 -100，当日先行指标 CCI 对应的参数为 -183.36。该指标有效跌破 -100 之前，先行指标 CCI 几次跌到 -100 左右都没能有效跌破，这个过程会消耗较多的做空能量，该指标有效跌破 -100 以后，向下的做空能量并不是很强。也就是说，参与短线操作的难度会大一些。因为这样的形态出现时，股价即使创出近期新低，下跌的空间也不会很大。如果符合短线卖出条件后果断卖出、有差价坚决买入，才能完成操作策略。

先行指标 CCI 跌破 -100 以后，聚辰股份当日的收盘价格为 64.18 元，之后股价低于上述价格的时间只有不到 5 个小时；按先行指标 CCI 跌破 -100 当天的收盘价卖出，能够做出 4 个点以上差价的时间就更少了。虽然逢低买入的时间很少，但只要按预期的操作策略，即卖出后有几个点的差价就坚决买回来还是比较容易降低持仓成本几个点的。但实战中，投资者在操作的时候犹豫可能会错过一次很好的短线操作策略，犹豫时间稍微长一点，股价就会运行到卖出价格之上。这时候多数没能及时买入的投资者的心态会很差，想追涨还不敢，希望能够有二次确认；就算有二次确认，敢于买入的投资者也不会太多，希望以更低的价格买回来将是投资者错过最佳买入机会的心魔。

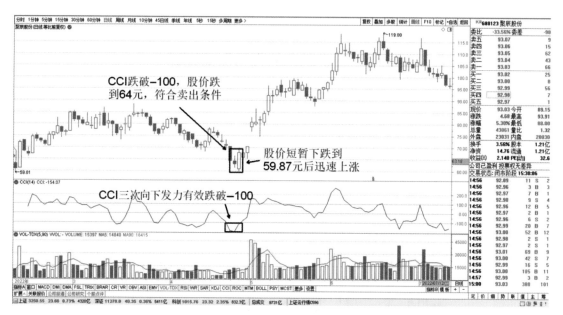

图1-10 先行指标CCI有效跌破-100后短线卖出

2022年4月27日上午是该股票短线操作的最佳买点，错过这个机会，多数投资者只能看着股价当日拉出7%以上的阳线，不到两个月，该股票的价格从59.87元涨到了119元，股价完美实现翻倍。

各位看到这个案例可能会觉得这种操作很容易追涨杀跌，笔者认为很对。无论是先行指标CCI向上有效突破100还是向下有效跌破-100，其形态都是一小拨上涨的末端或一小拨下跌的末端，操作时不够果断很容易买到次高点或卖到次低点。笔者之所以给各位分享这种操作策略，是因为只要按预先设定好的策略操作，准确率就非常高，更重要的是能让投资者心态越来越好。

第七节　先行指标CCI运行到极端区间的操作策略

这一节和大家分享先行指标CCI运行到200以上和-200以下的极端区间时如何使用先行指标CCI。先行指标CCI运行到极端区间一般停留的时间不会很长，很多时候几个交易日就能够重新回到非常态区间。先行指标CCI在200之上或在-200之下运行，该指标对应的参数高于 200 或低于 -200 都属于极端区间。上述市场特征出现，说明当时的股价极强或极弱，CCI 运行到上述区间预示着股价可能改变原来的运行轨迹，或者出现短暂的宽幅震荡或调整。

一、先行指标 CCI 运行到 200 以上的强势形态策略

来看一个先行指标 CCI 直接运行到 200 以上极端区间的案例（见图 1-11）。2021年 7 月 13 日，晶晨股份（688099）收出一根大阳线，日线先行指标 CCI 直接运行到 269 附近，这意味着该指标已经运行到极端区间，股价即将改变原有运行趋势或出现宽幅震荡调整。

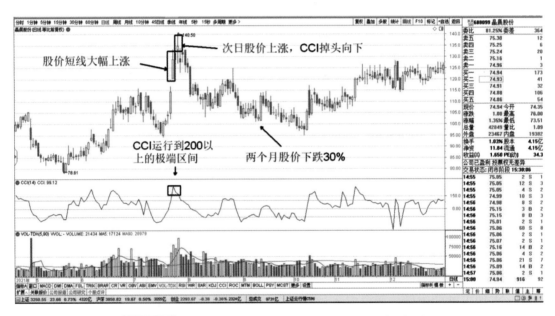

图 1-11 先行指标 CCI 直接运行到 200 以上极端区间

一般出现上述市场特征，就要考虑尽快做出短线甚至中线撤退的准备。当日晶晨股份收出一根 12.61% 的大阳线，股价连续上涨已经消耗了比较多的做多能量，如果次日先行指标 CCI 能够与股价同步向上运行，说明该股的做多能量消耗得还不是很多，股价可能在惯性的作用下再向上运行几个交易日；如果次日或第三日该股股价继续上涨，无论涨幅多少，只要比前一个交易日收盘价格高，对应的先行指标 CCI 的参数不再与股价同步上涨，就说明做多能量已经很弱，股价随时可能开始调整。

2022 年 7 月 26 日（星期二），晶晨股份继续上涨，涨幅达 2.12%，先行指标 CCI 没有能够与股价同步运行，说明该指标已经开始提前于股价转弱；7 月 27 日再次出现上述市场特征，先行指标 CCI 已经从 269 下跌到 174。出现这样的市场特征，即使之后股价不出现持续调整，也会走出短暂的宽幅震荡。当时的走势是 2022 年 7 月 28 日晶晨股份直接跳空低开，当日下跌 5.32%，大约两个月以后，股价下跌到 95 元左右，跌幅超过 30%。

按照先行指标 CCI 的操作策略提示，只要果断卖出，耐心等待一段时间，都能以比较低的价格买回卖出的股票。但是，先行指标 CCI 直接运行到 200 以上的极端区间时的做多能量可能很强，有时候股价在惯性的作用下能够继续上涨几个交易日。因此，有时候会出现按上述策略卖出股票后，股价还在上涨，有卖丢的感觉。因为当时的市场人气很旺盛，部分投资者追涨的意愿会比较强，很容易受市场气氛影响再次追涨。之后的章节会介绍如何解决这个问题。

再来看一个先行指标 CCI 直接运行到 200 以上极端区间后，短暂震荡再次上涨的案例（见图 1-12）。2020 年 6 月 9 日，卓胜微（300782）日线对应的先行指标 CCI 直接运行到极端区间，之后的 4 个交易日股价保持强势，对应的先行指标 CCI 却主动回调。请各位记住下面的粗体字：

先行指标 CCI 运行到极端区间后，先行指标 CCI 主动调整，股价却不调整或短暂调整后就直接创出近期新高，说明当时的做多能量非常强，这股做多能量能够推动股价继续上行，且上行的空间可能很大。

卓胜微日线对应的先行指标 CCI 运行到 0 轴上方的极端区间后的股价与指标的形态就符合上述市场特征，这也是该股创出新高后连续拉出阳线并在短短一个月不到的时间里上涨了 50% 的原因。各位投资者看到这节的案例分析后，很容易主观上认为先行指标 CCI 运行到 200 以上的极端区间后只要坚决持仓不会太久就会继续上涨，甚至涨幅很大。几乎所有投资者都希望自己买入的股票会大涨，买了就毫无根据地期待上涨，这些希望、幻想会影响投资者理性地判断。一旦心态出了问题，即使拿到好的股票，也可能会在震荡和洗盘中离场。对于主力来说，推动股价上涨过程总会有几次力度较大的洗盘，其目的是充分消化做空能量。主力洗盘的目标主要有持股不坚决的投资者、减亏幅度比较大的投资者、终于解套的投资者和持股心态很差的投资者。

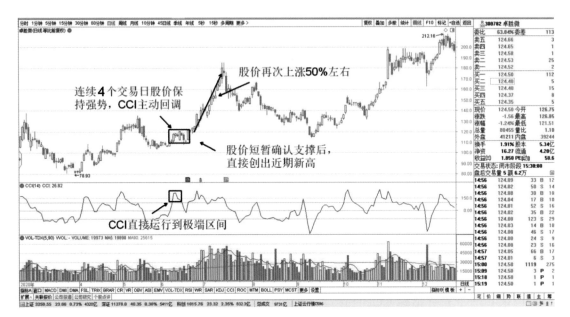

图 1-12 先行指标 CCI 直接运行到 200 以上极端区间

二、先行指标 CCI 运行到 -200 以下的弱势形态策略

再来看一个先行指标 CCI 直接运行到 -200 以下极端区间后的案例（见图 1-13）。我们从先行指标 CCI 跌到 -200 以下停留的时间来判断短线买点。先行指标 CCI 运行到 -200 以下、-300 以上停留的时间一般不会超过 3 个交易日，第四个交易日、第五个交易日对应的参数已经掉头向上。第二个交易日到第五个交易日多数时候会出现短线买点，个股收盘价与当日最低点越近，股价出现低点的概率越大，其后获利机会也越大。先行指标 CCI 跌到 -200 以下不代表该指标已经跌完了，之后可能继续下跌，越跌越多；也可能出现股价继续下跌甚至是短线大幅下跌，但先行指标 CCI 却开始掉头向上。无论哪种走势，只要买入要点没有出现，就要耐心等机会。买入要点出现后，也不要急于满仓买入，分批买入、越跌越买才能将持仓成本控制在相对低位。

2022 年 3 月 8 日，国林科技（300786）直接运行到 -200 以下的极端区间，对于投资者来说最好的策略是等待，等待出现最佳的买入机会。首先先行指标 CCI 跌到

-200 以下，我们要观察该指标第二天是继续向下运行还是开始掉头向上。如果是继续向下运行，说明做空能量还很强，短线下跌空间还很大。如果开始掉头向上运行，股价出现重要低点的时间会略早一点。也许是第二个交易日，也许是第三个交易日，一般情况下从先行指标 CCI 跌到 -200 以下当日计算，股价 5 个交易日没有出现低点的可能性比较小。国林科技先行指标 CCI 符合条件后的第二个交易日到第四个交易日都有下影线，说明有资金还在做短线抵抗，股价出现低点的可能性不大。第五个交易日（2022 年 3 月 14 日）该股收盘价格与当日低点很接近，收盘价只比最低价高 4 分钱，符合操作策略的要点。正常情况下，收盘前就应该出手买入。次日，该股继续下跌，先行指标 CCI 已经连续 4 个交易日向上运行，先行指标 CCI 跌破 -200 后已经 5 个交易日，理论上股价继续下跌的可能性非常小，除非有较大的利空。既然这样，投资者需要做的就是加大买入力度。这个时候，多数投资者心头的恐惧开始影响做多的决心，很可能选择卖出。这个时候是考验投资者心理承受能力的时候，只要当时的走势符合预期的市场特征，就要顶住压力坚决买入。2022 年 3 月 16 日，该股收出大阳线，收盘涨幅超过 11%，市场人气开始恢复。两周之后，股价上涨超过 30%。

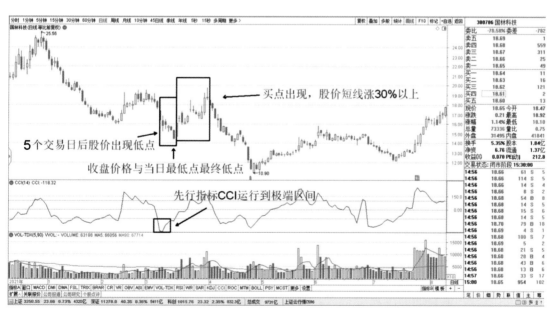

图 1-13 先行指标 CCI 直接运行到 -200 以下的极端区间

笔者用简单的文字描述当时该股的走势，很难描述出股价下跌时持股投资者的恐慌、观望投资者的无奈，无法描述出股票下跌时做空主力的杀气，更难描述出能看懂当时走势的投资者的内心的狂喜和分批建仓等待收益的兴奋。笔者给各位投资者一个建议，或者说是笔者经常在实战中使用的方法，那就是看盘的时候静静地感受当时的市场特征，把自己当成主力，去感受主力以外投资者当时的心态和可能做出的操作决定。

2022 年 4 月 26 日，国林科技日线对应的 CCI 再次跌破 -200，第二个交易日股价出现低点，4 月 28 日收盘价与当日最低价很接近，是最佳买点，一个多月以后该股股价上涨约 45%。

三、如何判断先行指标 CCI 运行到 300 以上的卖点

先行指标 CCI 从 0 轴下方上涨到 300 以上，短线做空能量会越来越强。从运行的时间判断，从先行指标 CCI 上攻到 300 以上当日开始计算第三到第五个交易日会出现中短线卖点。一般情况下，先行指标 CCI 运行到 300 以上，股价可能会加速上行，很容易没等到最高点出现，担心股价下跌提前卖出。请各位注意，如果先行指标 CCI 运行到 300 以上后的几个交易日，股价已经调整且调整的幅度比较大，可以等待反弹再离场。

先行指标 CCI 运行到 300 以上除了从时间的角度判断外，还可以与其他方法配合使用：比如说 60 分钟 K 线出现技术指标卖出背离形态；分时图上股价在高点停留的时间很短；成交量出现异常，这里所说的异常是指开盘或盘中突然出现成交量成倍地放大；短线快速攻击涨停后逐浪回落，回落过程呈现无抵抗形态。

我们来看一个先行指标 CCI 运行到 300 以上的案例（见图 1-14）。2022 年 8 月 10 日，威腾电气（688226）日线对应的先行指标 CCI 运行到 0 轴上方的极端区间，对应参数 365，出现这样的走势，说明该股股价已经运行到上涨形态的最后阶段，一般 3~5 个交易日股价就会出现重要高点。由于股价上涨幅度较大、先行指标 CCI 运行到极端区间等因素，做多能量消耗得比较大。如果没有能够支持股价继续上涨的动力，股价只要开始回调，调整的力度就会很大。对于投资者来说，需要考虑的是在什么时候卖出手中的股票。

图 1-14 先行指标 CCI 运行到 300 以上

8 月 11 日该股股价继续上涨，先行指标 CCI 继续在 300 以上运行。但对应的参数比上一个交易日略低，说明先行指标 CCI 有可能掉头向下不再与股价同步运行。8 月 12 日该股低开震荡，从表面上看有走弱的可能。请各位注意，这一天是该股日线对应的先行指标 CCI 上攻到 300 以上第二个交易日，出现高点的可能性不大，更重要的是当日成交量明显萎缩。如果 8 月 15 日该股继续走弱，才可以初步认定股价可能持续走弱。如果 8 月 15 日股价继续创出新高，就可以证明上一交易日的短暂走弱是最后加速上攻前的能量聚集。8 月 15 日、16 日、17 日股价连续创出新高，确认了 8 月 12 日的短暂走弱是能量再次聚集。值得注意的是，8 月 17 日，威腾电气 11 点 02 分上攻到 24.24 元后快速回落，只用了 3 分钟股价就下跌到 23.22 元，可以说该股在高点停留的时间只有几十秒。一个半小时以后股价下跌到 20.31 元，可以用短线跌幅巨大来形容。请各位注意，8 月 17 日威腾电气出现了三个重要的市场特征：这一天是先行指标 CCI 运行到 300 以上的第五个交易日；股价冲高后只在高点停留几十秒；该股开盘后几分钟成交量明显放大，有主力对敲（对敲是指以自己为交易对象，自己买入自己卖出大部分或全部股票）吸引中小投资者追涨的嫌疑。

对于投资者来说，学习了上述方法，如果能够做出比较坚决的卖出动作，即使不能卖到次高点，也能够在相对较高的位置清仓。一个多月以后，威腾电气从 24.24 元下跌到 14.91 元，累计跌幅达 38.4%。

股价快速上涨的时候，多数投资者会更加贪婪，脑子里想的都是股价会继续上涨，几乎没有任何风险意识。当股价突然下跌时，多数投资者只会认为是短暂的调整，能够获利了结落袋为安的投资者不会很多。当股价出现较大跌幅的时候，很多一直期待股价涨得更高的投资者才会慢慢地清醒，但为时已晚。因此，各位学习了先行指标 CCI 战法的内容以后，一定要克服股价快速上涨对心态的影响，以平常心对待涨跌才能成为赢家。

四、如何判断先行指标 CCI 运行到 −300 以下的买点

先行指标 CCI 从 0 轴上方下跌到 −300 以下，短线做多能量会越来越强。从运行的时间判断，从先行指标 CCI 下跌到 −300 以下当日开始计算第三个到第五个交易日会出现中短线买点。一般情况下，先行指标 CCI 运行到 −300 以下，股价可能会加速下跌，很容易没等到最低点出现，担心股价上涨提前买入。请各位注意，如果先行指标 CCI 运行到 −300 以下后的几个交易日，股价已经上涨且上涨的幅度比较大，要暂时放弃买入，可以等待再次下跌确认时再买入。先行指标 CCI 跌到 −300 以下，股价收盘价格与最低价格越接近，获利机会越大。

先行指标 CCI 运行到 −300 以下除了从时间的角度判断外，还可以与其他方法配合使用：比如说 60 分钟 K 线出现技术指标卖出背离形态；分时图上股价在低点停留的时间很短；成交量出现异常，这里所说的异常是指开盘或盘中突然出现成交量成倍地放大；短线快速跌停后，股价低位震荡。

我们来看一个先行指标 CCI 运行到 −300 以下的案例（见图 1-15）。2022 年 4 月 22 日，凯尔达（688255）日线对应的先行指标 CCI 运行到极端区间，对应参数 −318。出现这样的走势，说明该股股价已经运行到下跌形态的最后阶段，一般 3~5 个交易日股价就会出现重要低点。由于股价下跌幅度较大、先行指标 CCI 运行到极端区间等因素，做空能量消耗得比较大。如果没有利空打压股价继续下跌，股价只要开始上涨，其后上涨的力度就会很大。对于投资者来说，需要考虑的是在什么时候买入目标股票。

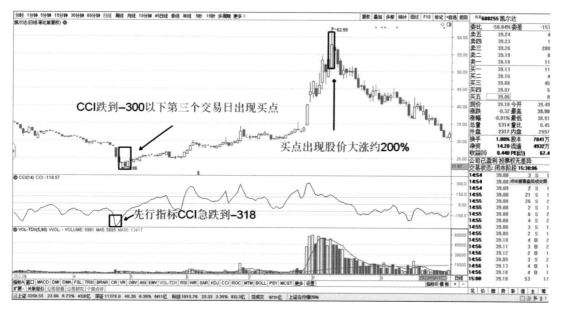

图1-15 先行指标 CCI 运行到 -300 以下

凯尔达4月26日、4月27日股价继续下跌，先行指标 CCI 已经回到非常态区间运行，说明先行指标 CCI 有可能掉头向上不再与股价同步运行。4月28日凯尔达收盘价格与当日最低价格很接近，这个交易日是该股日线对应的先行指标 CCI 上攻到 -300 以下第三个交易日，出现低点的可能性很大。4月29日凯尔达收出 6.68% 的中阳线，说明做空能量已经很弱，可以初步确认买点已经出现。

值得注意的是，4月27日、4月29日凯尔达在当日低点的位置停留的时间都很短，4月27日股价在当日低点只停留了30分钟，4月29日股价在当日低点只停留了不到1分钟，足以说明主力已经不愿意在相对低位给投资者买入的机会。

请各位注意，2022年4月28日凯尔达出现了符合先行指标 CCI 跌到 -300 以下出现中短线低点的主要市场特征，果断出手是投资者这个时候要做的唯一的事。对于多数投资者来说，学习了上述方法，很容易做出比较坚决的买入动作，即使不能买到次低点，也能够在相对较好的位置顺利地完成建仓。大约4个月，凯尔达股价从22元上涨到62.59元，累计涨幅达184%。

股价加速下跌的时候，多数投资者会更加恐慌，脑子里想的都是持有的股票有利空，要爆雷。很少有投资者会想基本面没什么变化，股价已经大幅下跌，盈利的机会

27

要来了。特别是股价突然上涨，多数投资者只会认为是短暂的反弹，敢于在这个阶段继续加仓的投资者不会很多。当股价出现大幅上涨后，很多一直期待股价跌得更多的投资者才会慢慢地清醒，但为时已晚。可能会有一部分投资者在股价上涨一大段之后才敢于进场做多，这时候已经错过最佳的收集廉价筹码的机会。

第八节　股价连续涨 / 跌停不能使用先行指标 CCI 判断买卖点

股价连续涨停或跌停一般只有以下两种情况：第一种情况是股价处于低位或高位，突发重大利多或利空，可能只有极少的投资者愿意在第一个涨停或跌停卖出或买入股票。第二种情况是大盘走出极端的上涨或下跌形态，有些个股成为很多大资金买入或卖出的目标，股价就有可能走出短期连续涨停或跌停。这种情况出现后持续涨停或跌停的时间相对于第一种会短一些。当股价连续涨停或跌停，所有在固定区间运行的技术指标都会钝化。先行指标 CCI 运行在正无穷大到负无穷大之间，虽然不会出现钝化，但判断买卖点的准确率会明显下降。

因此，当股价出现连续涨停或跌停时，不能使用先行指标 CCI 判断买卖点。如果使用，可能会与本书中讲到的战法得出的结论完全相反。比如说，先行指标 CCI 运行到 0 轴上方的极端区间后的 3 个交易日左右就会出现短线卖点，而连续涨停的个股日线对应的先行指标 CCI 运行到 0 轴上方的第三个交易日左右如果卖出，可能错过股价大涨的大部分空间。比如说，股价大幅下跌之后，继续创新低，先行指标 CCI 拒绝下跌或掉头向上，买点就要出现了，而股价连续跌停，先行指标 CCI 也走出上述形态，如果买入很可能被短线深套。总而言之，只要股价连续涨停或跌停就不能使用先行指标 CCI。

我们来看一个股价连续涨停的案例。2022 年 3 月 2 日中国医药（600056）拉出了第一个涨停板（见图 1-16），日线对应的先行指标 CCI 参数为 362.36，直接运行到极端区间。按照先行指标 CCI 的战法，3 个交易日左右就会出现最佳的卖点，而该股第五个交易日才打开涨停板，次日低开拉出阳线，第三日开始继续涨停。如果按照先行指标 CCI 战法卖出该股，卖出的价格只能用很低来形容。

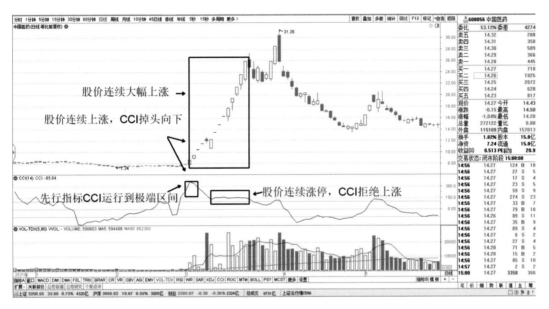

图 1-16　2022 年 3 月 2 日中国医药（600056）涨停

　　中国医药第二个涨停板开始，先行指标 CCI 就掉头向下，之后的 5 个交易日，股价天天上涨，5 个交易日股价上涨了约 40%，同样，如果按先行指标 CCI 的战法卖出还是会少赚很多钱。2022 年 3 月 10 日，中国医药再次涨停，先行指标 CCI 也掉头向上，从这一天开始股价连续上涨 8 个交易日，其中 7 个交易日是涨停板报收。但先行指标 CCI 却在非常态区间水平运行。先行指标 CCI 战法中明确谈到股价持续创新高，先行指标 CCI 没有同步创新高，很可能走出卖出背离形态；即使没有出现卖出背离形态，股价下跌也是大概率的事情。遗憾的是，如果按先行指标 CCI 战法操作，还是会少赚很多钱。出现先行指标 CCI 提示股价即将下跌需要卖出，股价却持续大涨的唯一原因就是股价以涨停板的形态上涨，先行指标 CCI 发出的卖出信号的准确率已经大幅下降。笔者再次提示，当股价出现连续涨停板时，不能将先行指标 CCI 作为卖出的依据。

　　我们再来看一个股价跌停板的案例。2018 年 3 月 23 日飞马国际（002210）停盘（见图 1-17），2018 年 8 月 13 日复盘当天直接跌停，当日先行指标 CCI 对应的参数为 -421.85，直接跌到极端区间。按照先行指标 CCI 战法中的策略，该指标直接跌到 -300 以下的极端区间后的第三到第五个交易日会出现中短线买点。即使等到第五个交易日买入，之后还是跌了两个跌停才打开跌停板。

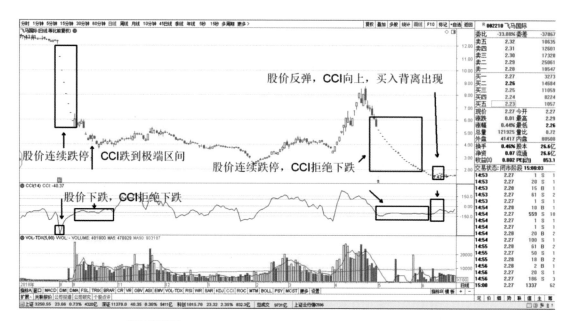

图 1-17 2018 年 3 月 23 日飞马国际（002210）跌停

我们再继续往下看。2018 年 10 月 9 日飞马国际的股价经过几个交易日的抵抗后再次向下破位，同期的先行指标 CCI 并没有与股价同步下跌。2018 年 10 月 9 日到 2018 年 10 月 19 日仅 9 个交易日股价下跌约 40%，股价跌幅巨大，先行指标 CCI 却表现出很强的抗跌性，也说明这个过程先行指标 CCI 消耗了非常多的做多能量。该指标出现上述形态正常的策略是观望等待股价再次下跌。但是，2018 年 10 月 19 日飞马国际出现低点后，开始反弹，虽然反弹的时间只有 26 个交易日，股价却从 3.63 元上涨到 5.38 元，涨幅达到 48%。这种走势与正常情况下先行指标 CCI 的战法提示的股价运行方向是完全相反的。股价完成反弹后才开始下跌，直接从 5.38 元跌到 2.37 元，跌幅达到 56%。对于投资者来说如果按先行指标 CCI 提示的策略不参与短暂反弹，就会错过接近 50% 的上涨；如果参与，因为贪念影响了操作，没能及时卖出，最后的结果可能出现巨额亏损。看到这里，各位投资者会发现，先行指标 CCI 在正常状态下使用的战法用在股价连续跌停的个股上准确率会很低，很容易买入后就出现亏损。

我们继续看飞马国际之后的走势。2019 年 4 月 22 日飞马国际完成了一拨上升形态后开始下跌，股价下跌前先行指标 CCI 发出了非常明显的卖出背离信号，同期逃顶抄底常用的 RSI 指标也发出了明显的卖出信号。任何个股出现双重卖出背离形态，投资者都应该果断地将手中的股票寻机卖出并等待股价开始下跌。飞马国际卖出背离形态出现以后，股价开始下跌，几个交易日之后交易所对该股做出风险提示，股价涨跌停板从原来的10%降低到5%，受此影响股价连续跌停。

A股市场涨跌停板有三种：第一种，以前ST个股的涨跌停板是5%；第二种是主板市场除了ST个股的涨跌停板为10%；第三种是创业板和科创板个股的涨跌停板为20%。有朋友问我这三种涨跌停板有没有区别，笔者认为，涨跌停的幅度越小，股价上涨时起到助涨的作用越大，因为每一个涨停涨幅只有5%，所以很多投资者都敢于追涨；相反，股价下跌的时候有助跌的作用。涨跌停板为20%的个股如果出现第二个或第三个涨停板，市场风险会快速增加，对于投资者来说，股价涨的时候特别是涨20%的时候感觉很过瘾，能在很短的时间赚很多钱。但这时候投资者会过于兴奋忘了跌停也是20%。一旦趋势发生变化，股价出现几个点的下跌，投资者往往会选择观望，期待反弹出现。既然已经出现趋势性变化，股价当日出现十几个点甚至跌停也就不意外了，多数投资者也许看到股价大跌的时候才意识到涨跌停板为20%的个股涨的时候容易盈利，跌的时候更容易亏损。当股价大幅下跌有效跌破投资者心理底线的时候，持股的投资者才会决定卖出，这股做空力量往往是一拨下跌的最后一股做空力量，也是股价下跌的主要原因。看到这里投资者应该能够明白为什么有些个股没有利空消息，只因为中短期趋势改变股价就出现跌停。

飞马国际涨跌停板变为5%以后股价连续跌停，日线对应的先行指标CCI开始走平。出现上述形态后只要股价掉头向上收出阳线，先行指标CCI也同步向上，买入背离形态的雏形也就出现了。2019年6月12日、13日、14日股价连续上涨三天，先行指标CCI也同步上行，正常情况下股价继续上涨的概率很大，因为该股的买入背离形态已经成立。但是，飞马国际只反弹了3个交易日就开始再次下跌，虽然之后出现了再次上攻，但也只维持几个交易日就开始下跌。大约半年的时间，股价从买入背离确认的6月14日的1.69元下跌到1.03元。看到这里各位投资者是不是觉得很可怕，如果真的在买入背离确认的时候买入，巨额亏损很难避免。笔者再次强调，股价连续涨停或跌停时不能轻易使用先行指标CCI的任何战法，因为准确率非常低。

第二章

先行指标 CCI 标准形态在实战中的应用

第一节　先行指标 CCI 构筑 M 头形态的策略

一、先行指标 CCI 构筑 M 头形态案例分析

先来看一个先行指标 CCI 构筑 M 头形态的案例（见图 2-1）。吉贝尔（688566）日线对应的先行指标 CCI 走出了 M 头形态，看到这种形态后，首先投资者要思考的是股价是否会下跌、下跌的风险有多大。

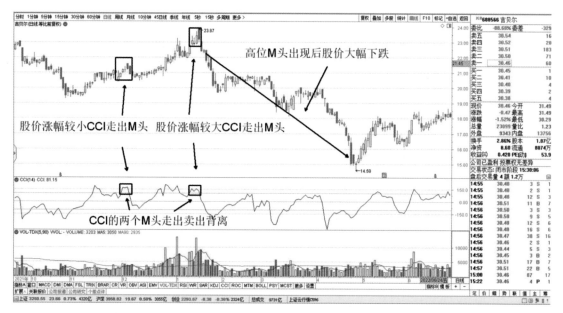

图 2-1　吉贝尔（688566）日线对应的先行指标 CCI 走出了 M 头形态

各位投资者看一下当时出现 M 头前后的主要市场特征。吉贝尔 2020 年 10 月 28 日出现低点 19.29 元，12 月 3 日吉贝尔出现高点 21.57 元，次日先行指标 CCI 出现 M 头形态。表面上看，该股日线先行指标 CCI 很可能会走出 M 头形态并开始下跌。但有两个市场特征需要引起重视，一是吉贝尔出现低点后开始上涨，股价运行到先行指标 CCI 出现 M 头时累计涨幅只有 11.8%。二是吉贝尔股价出现低点 19.29 元前是从高点 52.09 元下跌的，累计下跌幅度达到 63%。整个下跌过程只出现过两次技术性反弹，反弹的幅度和反弹前的下跌幅度比可以用较小来形容。上述两个市场特征可以用下跌

幅度较大、上涨幅度较小来形容。一般出现这样的前提条件，先行指标 CCI 走出有效的 M 头形态的可能性不大。

二、先行指标 CCI 的 M 头形态被化解要追涨

当投资者看到上面的市场特征的时候不要盲目地做出操作决定，一定要等待形态走出来再做决定。请各位注意，股价大跌之后开始反弹或上涨，在涨幅不大的前提下，先行指标 CCI 出现的第一个 M 头很可能是上升过程中的能量聚集。当 M 头被化解后，即先行指标 CCI 有效站稳到 M 头两个高点对应的参数之上后，从操作的角度是可以短线跟进的。吉贝尔出现的第一个 M 头就符合上述形态，所以 2021 年 12 月 27 日，先行指标 CCI 对应的参数高于出现 M 头的两个高点时就应该考虑短线追涨。如果按当天收盘价买入或第二日震荡时买入，十几个交易日盈利 8% 左右应该是大概率。

三、先行指标 CCI 反复出现 M 头形态要坚决减仓

2022 年 1 月 17 日吉贝尔（688566）日线对应的先行指标 CCI 出现了第二个 M 头形态，出现 M 头时的股价已经上涨到 23.87 元，累计上涨幅度达到 24%。更重要的是吉贝尔 23.87 元的高点与 2021 年 9 月 4 日的高点 23.73 元非常接近。股价运行到这个位置，涨幅足够大，高点又是股价上一次上涨遇到的阻力的位置，先行指标 CCI 走出 M 头形态的可能性就比较大。如果遇到目前的走势，投资者要做的第一个动作就是适当减仓，如果 M 头的形态成立，这时候减仓就可能卖到次高点附近，减仓的同时还要看看有没有其他市场特征也在提示卖出股票。

形态理论告诉我们，当股价运行到重要低点或重要高点的时候，绝对不会只有一个市场特征提示趋势将要改变，一般至少有三个市场特征同时或先后发出相同的买入或者卖出信号。各位仔细看看吉贝尔的日 K 线图，再看看先行指标 CCI 的形态，就会很容易发现，日线级别的先行指标 CCI 走出了卖出背离形态。这里所说的卖出背离形态就是股价创新高，先行指标 CCI 没能够同步创出新高。更重要的是，吉贝尔日 K 线的卖出背离形态是由先行指标 CCI 在不到一个月时间里走出的两个 M 头构成的（见图 2-2），这种形态比较少见，只要出现趋势改变后的做空能量就会很强。

各位投资者再看看逃顶抄底常用的 RSI 指标的日线形态，也能很容易找到逃顶抄底常用的 RSI 指标也走出了卖出背离形态。当我们看到三个市场特征都发出相同的卖出信号后，就应该坚决地清仓所持有的这只个股。明确的卖出信号出现后的三个月，该股股价的跌幅接近 40%。

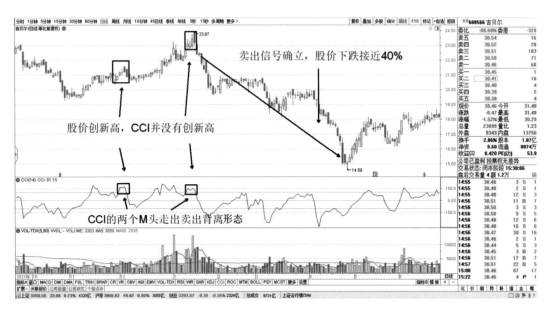

图 2-2　吉贝尔一个月时间出现两个 M 头

第二节　先行指标 CCI 构筑三重顶形态的策略

一、先行指标 CCI 构筑三重顶形态案例分析

来看一个三重顶的案例（见图 2-3）。2022 年 8 月 17 日、8 月 29 日、9 月 7 日冠城大通（600067）日线对应的先行指标 CCI 连续三次上攻都遇阻回落，初步判断是走出了三重顶形态。

先行指标 CCI 的三重顶形态重要的市场特征有三个。

第一个是同周期的先行指标 CCI 在比较短的时间内连续三次向上攻击都遇阻回落，先行指标 CCI 上攻的位置比较接近且必须在非常态区间或极端区间，位置越高，三重顶有效成立的可能性越大。这里的非常态区间是指先行指标 CCI 在 100 以上且在 200

以下，极端区间是指先行指标 CCI 在 200 以上且在 300 以下。

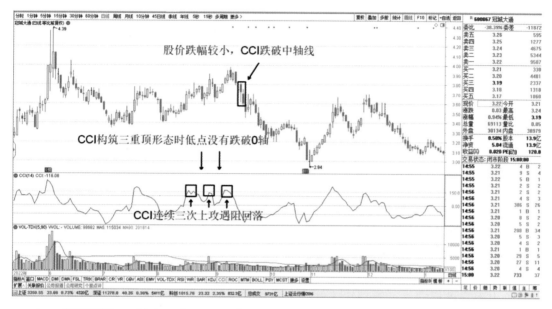

图 2-3 冠城大通（600067）日线对应的先行指标 CCI 三次上攻遇阻回落

第二个是指先行指标 CCI 三次冲高中前两次冲高后回落的低点的位置在 0 轴附近（正负 50 之间），如果先行指标 CCI 回落低于 -50 多数时候形态不成立。给各位解释一下为什么有效跌破 0 轴形态不成立，原因很简单，先行指标 CCI 的 0 轴是该指标的强弱分界线，如果先行指标 CCI 有效跌到 0 轴下方再向上运行就是一个新的形态的开始，先行指标三重顶的形态不可能由两个独立形态组成。所以，先行指标 CCI 的三重顶形态中前两个高点回落不能有效低于 0 轴。

第三个是先行指标 CCI 的三重顶基本形成后，股价小幅下跌，先行指标 CCI 就会跌破构筑三重顶时先行指标 CCI 的低点。各位都知道，先行指标 CCI 多数时候都会提前大盘或个股发出买入或卖出信号，有时候可以提前 5 根 K 线。当三重顶形态成立时，已经预示着指数或股价即将开始下跌，这时候的先行指标 CCI 就会率先向下破位。所以就经常能够看到三重顶形态成立，股价或指数跌幅不大，但先行指标 CCI 已经破位下跌。

冠城大通日线对应的先行指标 CCI 连续三次上攻都在非常态区间遇阻，基本能够认定该股日线对应的先行指标 CCI 走出了三重顶形态。这时候要把三个重要特征一一对比看是否符合条件。2022年8月17日、8月29日、9月7日先行指标CCI三次冲高符合第一个重要的市场特征。冠城大通先行指标CCI第一次冲高后回落的位置是32.18，第二次冲高回落的位置是-5.6，两个低点出现后都开始再次向上攻击，也符合三重顶的重要市场特征。先行指标CCI的三重顶形态形成后的第四个交易日，先行指标CCI对应的数值就跌到-28，跌破了三重顶的两个低点；三重顶形态成立后的第三个交易日先行指标CCI直接跌到非常态区间-140，三重顶形态成立。各位投资者再看看三重顶成立后该股的走势，该股仅用了一个半月的时间，股价就从3.75元跌到2.94元，跌幅为21.6%。

二、先行指标 CCI 构筑的三重顶形态越高越好

先行指标CCI的三重顶形态经常出现在一拨上涨行情结束后的抵抗形态中。比如说股价出现高点后完成了第一拨下跌，第一拨下跌结束后股价很容易出现反弹，可能当时的K线形态呈现震荡上涨，也可能是快速反弹后横盘震荡。而这一阶段的先行指标CCI的走势呈现的是反复冲高非常态区间或极端区间中的某一个位置，这时候股价和先行指标CCI的形态可能不同步，如果其他市场特征都符合条件，就可以认定为三重顶形态。

请各位注意，三重顶形态出现的位置越高，成立的可能性就越大；如果股价经过几拨反复下跌，出现了三重顶形态，最终成立的可能性就很小，很可能低位的三重顶形态演化为其他的底部形态。因此，在使用三重顶形态时，先将K线图缩小，看看当时股价的位置在过去几年里是高位还是低位。如果是高位或中间位置，三重顶成立的概率就很大；相反，如果在低位，三重顶形态很可能被破坏。

第三节　先行指标 CCI 构筑三重底形态的策略

一、先行指标 CCI 构筑三重底形态案例分析

来看一个三重底形态的案例（见图2-4）。2022年3月9日、3月28日、4月26日，左江科技（300799）日线对应的先行指标CCI连续三次下探都获得支撑，初步判断是

走出了三重底形态。

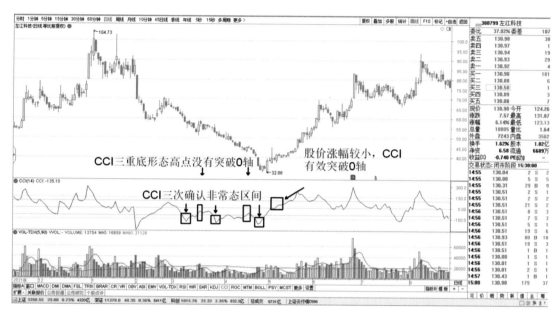

图 2-4 左江科技（300799）日线对应的先行指标 CCI 连续三次下探确立三重底形态

先行指标 CCI 的三重底形态重要的市场特征有三个。

第一个是同周期的先行指标 CCI 在比较短的时间内连续三次向下攻击某一个区间并获得支撑。先行指标 CCI 低点的位置比较接近且必须在 0 轴下方的非常态区间或极端区间，位置越低三重底有效成立的可能性越大。这里的非常态区间指先行指标 CCI 在 -100 以下且在 -200 以上，极端区间是指先行指标 CCI 在 -200 以下且在 -300 以上。

第二个是指先行指标 CCI 三次确认中前两次确认后上涨的高点的位置在 0 轴附近（正负 50），如果高于 50 多数时候形态不成立。给各位解释一下为什么有效突破 0 轴形态不成立，原因很简单，先行指标 CCI 的 0 轴是该指标的强弱分界线，如果先行指标 CCI 有效突破到 0 轴上方再向下运行就是一个新的形态的开始，先行指标 CCI 三重底的形态不可能由两个独立形态组成。因此，先行指标 CCI 的三重底形态中前两个低点出现后的上涨不能有效高于 0 轴。

第三个是先行指标 CCI 的三重底基本形成后，股价小幅上涨，先行指标 CCI 就会有效突破构筑三重底时先行指标 CCI 的高点，也会有效运行到 0 轴上方。各位都知道，先行指标 CCI 多数时候都会提前大盘或个股发出买入或卖出信号，有时候可以提前 5

根 K 线。当三重底形态成立时，已经预示着指数或股价要开始上涨，这时候的先行指标 CCI 就会率先向上突破。所以投资者就经常能够看到三重底形态成立，股价或指数涨幅不大，但先行指标 CCI 已经形成向上突破。

左江科技连续三次下探都在非常态区间获得支撑，基本能够认定该股日线对应的先行指标 CCI 走出了三重底形态。这时候要把三个重要特征一一对比看是否符合条件。2022 年 3 月 9 日、3 月 28 日、4 月 26 日先行指标 CCI 一次回落到非常态区间，两次回落到极端区间，符合第一个重要的市场特征。左江科技先行指标 CCI 第一次确认支撑后冲高的位置是 -44.87，第二次确认支撑后冲高的位置是 -84.67，先行指标 CCI 两个高点出现后都掉头向下继续确认非常态区间或极端区间，也符合三重底的重要市场特征。先行指标 CCI 的三重底形态形成后的第五个交易日，先行指标 CCI 对应的数值就涨到 28.67，突破了三重底的两个高点，第十一个交易日先行指标 CCI 直接有效运行到 0 轴上方，三重底形态成立。各位投资者再看看三重底成立后该股的走势，该股仅用了三个月的时间，股价就从 40.64 元上涨到 93.85 元，涨幅达到 131%。

二、先行指标 CCI 构筑的三重底形态越高越好

先行指标 CCI 的三重底形态经常出现在 A 浪下跌末端或 C 浪下跌末端，也可能出现在第二浪调整末端或第四浪调整末端。有的时候三重底形态也会出现在一波上涨形态的后段，但这时候出现的三重底形态很可能是做短线最后的能量聚集，是在为股价或指数最后的冲高做准备。

请各位注意，三重底形态出现的位置越低，成立的可能性就越大。如果股价经过几拨反复上涨后出现了三重底形态，最终成立的可能性就不大，很可能高位的三重底形态演化为其他的顶部形态。因此，在使用三重底形态时，先将 K 线图缩小，看看当时股价的位置在过去几年里是高位还是低位。如果是低位或中间位置，三重底成立的概率就很大；相反，如果在高位，三重底形态很可能被破坏。

第三章

先行指标 CCI 的背离形态

第一节　先行指标 CCI 买入背离使用方法

一、先行指标 CCI 买入背离形态的要点

买入背离是实战中比较常见的选择买点的方法，股价或指数反复下跌后，很多技术指标都可能出现买入背离的形态。买入背离是指股价或指数下跌过程中，股价或指数收盘创出阶段性新低，对应的技术指标没有同步创出新低。出现上述形态，我们会初步认定股价与技术指标已经出现买入背离的雏形。请各位注意，买入背离的雏形初现后不代表股价一定会上涨。因为买入背离的雏形很可能因为之后股价继续下跌把初步形成的形态破坏，那时候就会出现股价或指数继续创新低，对应的技术指标也会创新低。因此，在没有认定买入背离形态成立前，不要轻易重仓进场做多。

很多投资者经常能够听到底背离形态，很多技术指标的底背离形态实际就是笔者提出的买入背离形态。笔者记得有投资者和我说某只个股先行指标 CCI 出现了底背离形态；也有投资者告诉我，某只个股逃顶抄底常用的 RSI 指标出现了底背离形态。请各位投资者注意，逃顶抄底常用的 RSI 指标是可能出现底背离形态的，因为逃顶抄底常用的 RSI 指标运行区间是 0 到 100 之间，一般逃顶抄底常用的 RSI 指标在 0 到 20 之间出现买入背离就可以认定为底背离形态。但先行指标 CCI 就不可能出现底背离形态。原因很简单，因为先行指标 CCI 运行的区间是正无穷大到负无穷大，是不可能有底的。因此，先行指标 CCI 只会出现买入背离，不会出现底背离。实际上所有的技术指标只要运行区间是固定的，比如 0 到 100 之间，都会有底背离形态，技术指标 RSI、KDJ 等就是比较有代表性的；技术指标的运行区间在正无穷大到负无穷大之间的是不会出现底背离的，比如先行指标 CCI、MACD 等就比较有代表性。

二、先行指标 CCI 买入背离的特征

先行指标 CCI 走出买入背离形态后要注意以下几个市场特征。第一是先行指标 CCI 买入背离形态出现后需要确认，至少要有一根标志性阳线出现，其后的几个交易

日股票收盘价或指数收盘点位不再创出收盘新低。第二是先行指标 CCI 出现买入背离时的位置越低越好，如果买入背离出现在 0 轴下方的非常态区间或极端区间，其后的上涨动力会更强。第三是先行指标 CCI 出现买入背离前可能出现股价下跌、CCI 拒绝下跌的形态，延后才会出现买入背离形态。第四是先行指标 CCI 买入背离出现后开始上涨，股价或指数上涨一段后，如果出现缩量回调很可能是第二买点。

三、先行指标 CCI 买入背离形态案例分析

下面来看一个先行指标 CCI 买入背离形态的案例（见图 3-1）。2022 年 5 月 9 日宁德时代（300750）走出了买入背离的雏形，次日收出一根低开的中阳线。宁德时代日线先行指标 CCI 买入背离雏形出现后收出中阳线传递了先行指标 CCI 的买入背离形态很可能是有效的。

图 3-1 2022 年 5 月 9 日宁德时代（300750）走出了买入背离形态

这时候就要看看买入背离形态的几个主要市场特征。第一是宁德时代收盘价创新低后收出中阳线，符合形态。第二是先行指标 CCI 出现买入背离形态时宁德时代的位置比较低，大约半年的时间，该股从 690 元下跌到 352 元，跌幅达到 48.9%。第三是宁德时代日线对应的先行指标 CCI 第一个低点出现后两个交易日，先行指标 CCI 就开

始拒绝下跌，之后的 13 个交易日，宁德时代股价下跌了约 130 元，先行指标 CCI 的形态呈现缓慢向上运行，率先走出即将企稳的形态。

上述形态成立后，我们就可以认定宁德时代对应的先行指标 CCI 的买入形态成立，股价会在之后的一段时间震荡上涨。5 月 11 日宁德时代的标志性阳线出现之后，股价小幅冲高后短线回落，整个过程中成交量都比较温和，这时候的成交量和出现买入背离形态时的成交量比明显萎缩。成交量萎缩预示着第四个市场特征即第二买点出现，寻机买入的最佳时机也就出现了，适当增仓，果断买入，不要因为股价已经有一定涨幅放弃第二买点加仓的机会。大约一个月之后，宁德时代的股价上涨到 560 元，每股上涨了约 200 元。

第二节　先行指标 CCI 卖出背离使用方法

一、先行指标 CCI 卖出背离形态的要点

卖出背离是实战中更为常见的判断卖点的方法，股价或指数反复上涨后，很多技术指标都可能出现卖出背离的形态。卖出背离是指股价或指数上涨过程中，股价或指数收盘创出阶段性新高，对应的技术指标没有同步创出新高。出现上述形态，我们会初步认定股价与技术指标已经出现卖出背离的雏形。请各位注意，卖出背离的雏形初现后不代表股价一定会下跌。因为，卖出背离的雏形很可能因为之后股价继续上涨把初步形成的卖出背离形态破坏，形态上就会出现股价或指数继续创新高，对应的技术指标也会创新高。所以，在没有认定卖出背离形态成立前，不要轻易大幅减仓。

先行指标 CCI 运行区间是正无穷大到负无穷大，是不会出现顶背离的。先行指标 CCI 出现卖出背离时对应的参数越高，卖出背离如果成立，其后股价或指数下跌的空间就越大。

二、先行指标 CCI 卖出背离的特征

先行指标 CCI 走出卖出背离形态后要注意以下几个市场特征。第一是先行指标

CCI 卖出背离形态出现后需要确认，至少要有一根标志性阴线出现，如果出现跳空低开的阴线更好。其后的几个交易日股票收盘价或指数收盘点位不再创出收盘新高。第二是先行指标 CCI 出现卖出背离时的位置越高越好，如果卖出背离的位置出现在 0 轴上方的非常态区间或极端区间其后的做空能量就越强。第三是先行指标 CCI 出现卖出背离前可能出现股价上涨，先行指标 CCI 拒绝上涨的形态，延后才会出现卖入背离形态。第四是先行指标 CCI 卖出背离出现后，如果股价出现缩量反弹很可能是第二卖点。

三、先行指标 CCI 卖出背离形态案例分析

来看一个先行指标 CCI 卖出背离形态的案例（见图 3-2）。2022 年 6 月 30 日贵州茅台走出了卖出背离的雏形，次日收出一根低开的中阴线。贵州茅台日线对应的先行指标 CCI 卖出背离雏形出现后收出中阴线传递了先行指标 CCI 的卖出背离形态很可能是有效的。

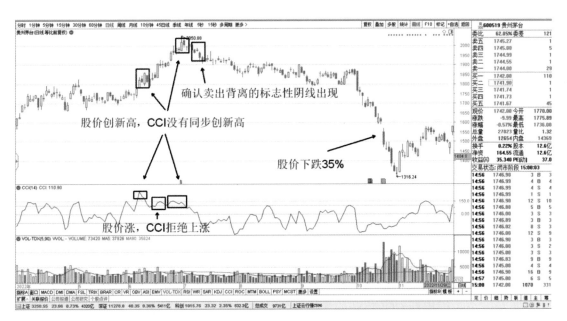

图 3-2 2022 年 6 月 30 日贵州茅台走出了卖出背离形态

请各位注意，卖出背离成立后的几个交易日，可能会出现跳空低开且不回补向下跳空缺口的 K 线，跳空低开阴线出现很可能是卖出背离成立后，股价开始下跌或加速下跌的开始，这时候投资者要关注卖出背离的几个主要市场特征。第一是贵州茅台收

盘价创新高后收出中阴线，符合形态。第二是先行指标 CCI 出现卖出背离形态时，贵州茅台的位置比较高，该股用了不到三个月的时间，从 1575 元上涨到 2077 元，涨幅达到 32%。第三是贵州茅台日线对应的先行指标 CCI 第一个高点出现后 4 个交易日先行指标 CCI 就开始拒绝上涨，之后的 12 个交易日，贵州茅台股价下跌了 200 多元，先行指标 CCI 呈现震荡整理形态，这种形态的出现说明该指标已经开始发出卖出信号。

上述形态成立后，我们就可以认定贵州茅台对应的先行指标 CCI 的卖出形态成立，股价会在之后的一段时间逐浪下跌。7 月 4 日、7 月 11 日贵州茅台都出现了跳空低开当日不回补缺口的走势，股价正式下跌成为大概率。10 月 10 日贵州茅台正式破位前，K 线呈现抵抗形态，成交量低迷，每一次无量冲高都是比较难得的卖点。

第三节　先行指标 CCI 特殊的卖出背离形态

一、先行指标 CCI 特殊卖出背离的特征

先行指标 CCI 的卖出背离形态各位都已经学过，只要能够独立看懂几个先行指标 CCI 卖出背离的案例就能比较准确地使用。先行指标 CCI 还有一种比较特殊的卖出背离形态，这种背离形态有以下几个市场特征。第一是股价在下跌趋势中构筑平台，构筑平台成交量比较温和。第二是先行指标 CCI 在股价构筑平台时向上运行。第三是先行指标 CCI 一般会运行到 0 轴附近，多数时候会运行到 0 到 100 之间，然后掉头向下。这个过程股价窄幅震荡，先行指标 CCI 第二个高点比第一个高点低。第四是先行指标 CCI 向下跌破 -100 短线下跌形态开始。

二、先行指标 CCI 特殊卖出背离形态案例分析

来看一个先行指标 CCI 特殊的卖出背离形态的案例（见图 3-3）。2022 年 8 月 22 日振东制药（300158）下跌速度放缓，先行指标 CCI 下探到 -199，股价创出近期新低，先行指标 CCI 并没有创出新低。在正常情况下，出现上述市场特征可以初步认定先行指标 CCI 走出了买入背离的雏形，只要出现标志性阳线，就发出买入信号。

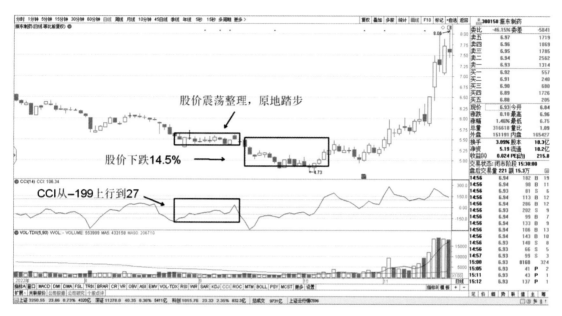

图 3-3 2022 年 8 月 22 日振东制药（300158）开始构筑特殊卖出背离形态

8 月 26 日到 9 月 13 日先行指标 CCI 从 -199 上行到 27，从表面上看先行指标 CCI 越走越强。但请各位注意，这时候先行指标 CCI 只运行到 27，有效站稳 0 轴都不算。所以，这时候控制风险是最重要的。先行指标 CCI 从非常态区间边缘运行到 0 轴上方，同一时间股价却没有任何变化。8 月 25 日先行指标 CCI 下探到 -199 时振东制药的收盘价是 5.57 元，9 月 13 日先行指标 CCI 运行到 27 时振东制药的收盘价是 5.50元。先行指标 CCI 运行形态和股价的运行形态完全不同步，说明 8 月 22 日出现的买入背离的雏形可能被破坏。看到有些不合乎常理的 K 线与技术指标之间的关系一定要想想先行指标 CCI 战法中分享的特殊的卖出背离形态，一条一条地对照市场特征和特殊的卖出背离形态提示的市场特征是不是很相似。振东制药下跌构筑平台，成交量温和，股价构筑平台，先行指标 CCI 向上运行，先行指标 CCI 运行到 0 轴附近掉头向下直接跌破 -100。看到这里，各位应该知道振东制药的走势就是先行指标 CCI 特殊形态的卖出背离。如果持仓就应该坚决卖出；如果准备买入，就要考虑持币观望。之后的两周多时间，振东制药的股价下跌了 14.5%。

各位投资者看到这里可能对先行指标 CCI 特殊的卖出背离形态有深刻的认识，可能很多一直关注这种形态的投资者直接选择放弃。各位投资者，请认真看懂笔者下面这段话。振东制药出现特殊形态卖出背离之前出现了先行指标 CCI 的买入背离形态，一般出现买入背离形态后股价都会有一定幅度的上涨。但振东制药却在买入背离出现时的低点上方一点的位置震荡，这样的走势不会充分释放做多能量。也可以说，股价下跌累积的做多能量并没有释放，那么这股做多能量会被暂时压制。当先行指标 CCI 特殊的卖出背离出现后，股价继续下跌。这个过程也会积累较强的做多能量。各位想象一下，两股较强的做多能量如果同时在股价下跌形态结束后释放，是不是有能力将股价拉升到较高的位置？

再来看看振东制药完成下跌形态之后的走势。2022 年 10 月 11 日股价下探到 4.73 元获得支撑开始上涨，11 月 22 日股价上涨到 8.61 元，涨幅达到 71%。振东制药的大幅上涨实际上就是两股做多能量叠加的结果。因此，各位投资者在实战中如果遇到做多能量叠加时要敢于持股，遇到做空能量叠加要敢于做空。

第四章

通过先行指标 CCI 的
运行角度判断强弱

第一节　先行指标 CCI 的运行角度决定股价的强弱程度

一、先行指标 CCI 上升形态区域划分

先行指标 CCI 运行在上升形态中一般分为三种角度区间。

第一种角度区间是以先行指标重要的低点作为起点做一个坐标图，0°线到30°线为弱势区间。一般情况下先行指标 CCI 持续运行在这个区间，说明指数或股价可能运行在上涨形态中的调整浪末端或中期下跌形态中的弱势抵抗形态。无论先行指标 CCI 运行在哪种形态，其做多能量都很弱，先行指标 CCI 震荡整理后完成能量的聚集才有机会推动股价震荡上涨。多数时候，先行指标 CCI 在这个区间运行一段时间后股价如果向下运行破位下跌，短线的买点就要出现了。请各位注意，这时候使用该指标只能判断短线买点即将出现，股价能否走强要看股价的位置和之后的形态。如果股价已经出现大幅下跌，先行指标CCI也发出买入信号，就有可能是新一轮的中期上涨形态。

第二种角度区间是先行指标 CCI 运行在 30°线到 60°线区间，为完美区间。一般情况下先行指标 CCI 持续运行在这个区间，说明指数或股价可能运行在上升形态中或下跌反弹形态中。无论先行指标 CCI 运行在哪种形态，其做多能量都在持续增强。先行指标 CCI 多数时候会在 30°线到 60°线区间运行，个别时候先行指标 CCI 可能会跌破 30°线或突破 60°线，先行指标 CCI 跌破 30°线后只要对应的参数在 0 轴附近企稳并再次回到完美区间，股价继续上涨的概率就很大。先行指标 CCI 在 30°线到 60°线区间运行，做多能量持续释放，做空能量上升的速度较慢，股价会在做多能量的推动下稳步上行。这时候可以使用该指标参与短线波段操作，股价短线调整，先行指标 CCI 运行到 30°线附近缩量短线反弹的可能就比较大。股价短线冲高，先行指标 CCI 运行到 60°线附近缩量或放量滞涨，短线调整的可能性就比较大。

第三种角度区间是先行指标 CCI 在 60°线到 90°线区间运行，为短期强势区间。股价在短线强势区间运行时股价上升的速度会很快，停留的时间一般不会很长。有些时候先行指标 CCI 在短线强势区间会做两次快速上行的动作，股价每一次快速上行都会消耗较多的做多能量。如果短时间内股价出现两次快速上行，消耗的做多能量会非

常多，股价很快会开始调整，调整的幅度也会比较大，甚至可能出现股价再创新低的可能。先行指标 CCI 在短线强势区域运行的起点一般都比较低，运行形态多数时候是直接以比较陡的角度向上运行，如果先行指标 CCI 快速上行以后出现回落，只要不跌破 60°线就有机会再次快速上行，这时候股价可能会加速上行。对于投资者来说，如果遇到上述形态，一定要密切关注股价和先行指标 CCI 的关系，只要 60 分钟发出卖出信号，短线调整的可能性就比较大，多数时候可能是中期下跌的开始。

二、先行指标 CCI 三种角度区间形态案例分析

来看一个先行指标 CCI 运行在 0°线到 30°线区间的案例（见图 4-1）。2022 年 8 月 25 日报喜鸟（002154）日线对应的先行指标 CCI 运行在 0°线到 30°线的弱势区间，理论上如果先行指标 CCI 不能马上运行到 30°线以上，该股的股价就会转弱，之后的一段时间横盘震荡或震荡下跌的可能性就比较大。该股 8 月 30 日和 9 月 14 日日线对应的先行指标 CCI 两次运行到 30°线附近都遇阻回落，说明股价已经转弱，先行指标 CCI 会在弱势区间运行一段时间。从操作的角度看，当先行指标 CCI 运行到弱势区间后，是比较容易完成短线也可能是超短线高抛低吸的。

图 4-1　2022 年 8 月 25 日报喜鸟（002154）日线对应的先行指标 CCI 运行在弱势区间

2022 年 9 月 15 日先行指标 CCI 在 30°线遇阻开始回落，这时候就是比较好的短线卖出的机会。因为先行指标 CCI 运行到弱势区间后股价很难持续上涨，换句话说，卖丢的可能性也就不大。两个交易日后股价从 3.79 元下跌到 3.5 元，跌幅达到 7.6%，又过了两个交易日，报喜鸟的股价又从 3.5 元上涨到 3.78 元，涨幅达到 8%，4 个交易日有两次做高抛一次低吸的机会。报喜鸟之后的两周左右的时间至少还有两次高抛低吸的机会，实战中只要能够把握其中一两次机会，就能在短短的几周内实现较好的收益。

很多朋友不愿意做短线成本操作，也就是笔者所说的高抛低吸。不愿意做短线主要有两个原因，第一个是担心卖出以后股价涨了买不回来，这种担心很正常。多数投资者持有一段时间个股都会有感情，都会觉得自己持有的股票是最好的，特别是股价上涨的时候更会觉得自己持有的股票能够大涨。投资者有这样的想法会在股价波动时影响投资者的持股心态。如果投资者理性一点，看清楚当时股票的运行形态，卖丢股票买不回来的担心也就没有必要了。也可以说，先行指标 CCI 在弱势区间运行，个股至少需要一段时间蓄势，才有机会重新转强。所以，先行指标在弱势区间运行的时候，可以考虑积极参与短线成本操作。

我们再来看一个先行指标 CCI 运行到 30°线到 60°线区间的完美区间的案例（见图 4-2）。2021 年 1 月 29 日广电运通（002152）日线对应的先行指标 CCI 跌破 -200，运行到 0 轴下方的非常态区间。

正常情况下，先行指标 CCI 跌到非常态区间最多 5 个交易日股价就会出现低点。2 月 4 日广电运通低点出现，股价开始企稳。次日该股收出一根 3.87% 的阳线，日线对应的先行指标 CCI 连续第二个交易日向上运行。之后的 14 个交易日广电运通日线对应的先行指标 CCI 一直运行在 30°线和 60°线之间的完美区间。前面笔者谈到，只要先行指标 CCI 不跌破 30°线，股价就会稳步震荡上行。

每一位投资者使用技术指标都有侧重点，比如有些投资者使用先行指标 CCI 是为了选择较好的买点，也有投资者使用先行指标 CCI 是为了判断最佳的卖点。笔者认为投资者这样做都没有错。但对于成熟的投资者来说，任何技术指标的使用都是有前提条件的，前提条件决定技术指标的侧重点。先行指标 CCI 运行在完美区间时，投资者应该重点看先行指标 CCI 的参数与 30°线和 60°线之间的关系，有效跌破 30°线就是比较好的获利了结的机会，这样就能最大限度地实现收益最大化，不会因为股价在上升过程中震荡导致持仓心态发生变化提前离场。

图 4-2 **2021 年 1 月 29 日广电运通（002152）日线对应的先行指标 CCI 运行到完美区间**

2021 年 6 月 7 日广电运通（002152）日线对应的先行指标 CCI 运行在完美区间。从这时候开始，该股的先行指标 CCI 就在 30°线和 60°线之间运行，股价 6 月 9 日开始从 11.13 元震荡上行，用了大约三周的时间上涨到 12.96 元，涨幅达到 16.4%。广电运通震荡上涨过程中，先行指标 CCI 始终在 30°线到 60°线之间运行，说明这个阶段做多能量持续性较好。7 月 2 日先行指标 CCI 跌破 30°线，成交量开始萎缩，股价下跌，做多能量开始弱于做空能量。请各位注意，有些时候，先行指标 CCI 跌破 30°线后的几个交易日会再次攻击 30°线，如果这样说明做多能量还可以和做空能量对抗。无论是否重返 30°线，都会传递做多能量慢慢减弱的信号。先行指标 CCI 重新回到 30°线之上，短线还有机会等到比较好的价格逢高卖出。先行指标 CCI 再次攻击 30°线失败，短线下跌空间会略大一些，坚决降低仓位时要果断。而广电运通日线先行指标 CCI 跌破 30°线后没有再次攻击 30°线，说明做多能量更弱，相对的下跌空间会大一些。

再来看一个先行指标 CCI 在 60°线到 90°线之间运行的短线强势形态的案例（见图 4-3）。

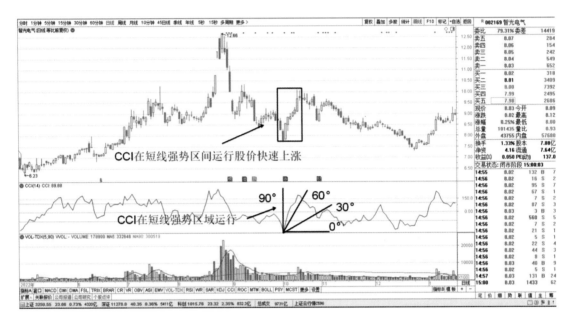

2022 年 10 月 10 日智光电气（002169）连续拉出了第四根阴线，先行指标 CCI 跌到了 0 轴下方的极端区间。次日该股跳空高开涨停板报收，早盘的跳空缺口并没有回补，说明这时候的做多能量很强。使用形态理论实战中经常会回头看看之前的走势，看看之前有没有向上跳空缺口或向下跳空缺口、有没有换手率较高的阳线或阴线、有没有单根巨量阳线或阴线，下跌形态中有没有力度较强的反弹、上涨形态中有没有较大幅度的调整。更要看看当时的 K 线形态的位置，这里所说的位置不是最近几天的，而是一年甚至两年中目前股价的位置。2022 年 8 月 26 日智光电气出现高点 12.66 元，下跌到 10 月 10 日的 7.7 元，股价一个多月就下跌了约 40%，跌幅非常大，做空能量释放得也就比较充分。10 月 11 日智光电气跳空高开涨停，无论这时候是否出现趋势性改变，股价都会走出一拨上涨行情。股价涨停后的一两个交易日，该股继续上涨，成交量很小，先行指标 CCI 一直在 60°线到 90°线区间运行，这时候就可以判断先行指标 CCI 当时的形态属于短线强势形态。

需要解释一下为什么先行指标 CCI 的这种形态叫短线强势形态。短线强势形态主要有两个要素。第一个要素是这种形态持续的时间比较短，超过13个交易日的时候比较少。第二个要素是股价上涨的速度比较快，K线组合中阳线明显多于阴线。先行指标CCI的短线强势形态出现以后，短线积极买入等待股价上涨。千万不要等到短线强势形态运行一周甚至两周时再出手买入。因为那时候先行指标CCI的短线强势形态已经运行到末端，股价再次下跌不可避免。

智光电气股价开始上涨，先行指标CCI运行在短线强势区间，始终没有触及60°线，说明做多能量正在充分释放。股价上涨的第七个交易日，先行指标CCI不再上行，开始走平。第八个交易日先行指标CCI跌破了60°线，两个交易日后先行指标CCI没能重返60°线之上，这时可以认定先行指标CCI有效跌破60°线。当该指标走出上述形态时，最直接的操作策略就是直接减仓获利了结。愿意冒险的投资者可以等待先行指标CCI触及30°线时再做是否卖出的决定。先行指标CCI在30°线附近获得支撑，风险偏好者可以继续持仓，直接跌破30°线就要果断卖出等待新的市场机会。智光电气日线对应的先行指标CCI有效跌破60°线时卖出，一个多月后，股价跌幅接近20%。对于投资者来说，一年中能够躲避几次10%甚至20%的下跌，全年实现盈利就是大概率，因此，要珍惜每一次能看懂的买入或卖出的机会。

再来看另一个先行指标CCI运行到短线强势区间的案例（见图4-4）。2021年11月15日利和兴（301013）从24.38元开始下跌，历经5个月的无抵抗下跌，2022年4月25日股价下跌到9.19元，累计跌幅达到62.3%。实际上，股价出现60%以上的跌幅只要出现单日地量就可能走出反弹甚至开启新一轮上升形态。

单日地量是指股价持续下跌到重要低点出现前几个交易日或后几个交易日时成交量突然萎缩，成交量萎缩的幅度比当时的地量还要低20%甚至30%。单日地量出现是一拨下跌做空能量基本耗尽的表现，多数时候，单日地量出现，股价很快就会企稳反弹或上涨。

利和兴并没有出现单日地量，但股价跌到9.19元后，次日该股直接涨停开盘，短线确认后直接封死涨停，先行指标CCI也马上掉头向上，直接运行到短线强势区间。这样的走势传递了该股短线做多能量非常强，第二个交易日如果股价能够保持强势，就可以认定先行指标 CCI 会在短线强势区间运行一段时间，马上买入该股等待上涨是最好的策略。次日该股低开后宽幅震荡后再次拉高，收出小阳线，收盘前应该是买入该股的最佳时机。买入后的两个交易日，股价从 11.35 元上涨到 13.76 元，涨幅达到 21.2%。笔者再次强调，只要确认先行指标 CCI 运行到短线强势形态，就要果断进场做多。因为这样的短线可能有较高利润的机会并不多，5 月 5 日利和兴日线对应的先行指标 CCI 走平，说明短线做多能量开始减弱，股价出现震荡或调整的可能性比较大。

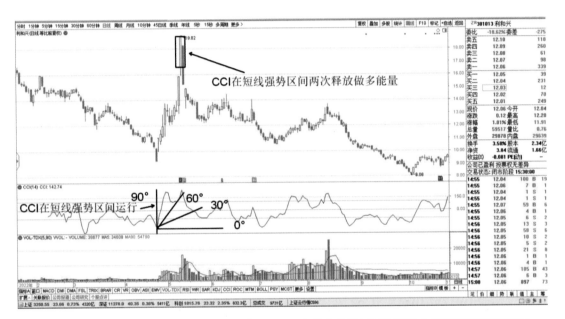

图 4-4　2022 年 4 月 25 日利和兴（301013）先行指标 CCI 开始向短线强势区间运行

　　当先行指标 CCI 运行出现走平的形态且对应参数在 60°线上方时，投资者可以选择短线获利了结，也可以冒险等待先行指标 CCI 确认 60°线获得支撑后再做一次向上攻击。如果先行指标 CCI 能够再次攻击，股价上涨的力度一般不会太小。先行指标 CCI 第二次上攻时会消耗非常多的做多能量，股价结束上涨后出现大幅下跌就不可避免。5 月 11 日利和兴日线对应的先行指标 CCI 运行到 60°线，5 月 12 日掉头向上，股价再次涨停。各位仔细看看当天的分时走势就很容易判断出股价在聚集做多能量，多方向上发力，分时形态呈现放量上涨就是再次跟进的最佳时机。对于之前的风险偏好者来说，继续持仓等待股价最后的疯狂。果然，该股连续两个交易日涨停，涨幅超过 40%，成交量是出现低点时的 16 倍多。考虑到该股股价仅用了 11 个交易日涨幅就超过 100%，其累积的做空能量会很大，如果出现跳空低开，无论是否当日回补缺口都要提醒自己短线强势形态可能要结束了。

三、缺口的特点

上述战法中笔者谈到了跳空低开缺口，缺口在实战中非常重要。一般来说，开盘价高于上一交易日的收盘价，盘中低点也高于上一交易日的收盘价，盘中低点与上一交易日的收盘价之间的空间就是向上跳空缺口。开盘价低于上一交易日的收盘价，盘中高点也低于上一交易日的收盘价，盘中高点与上一交易日的收盘价之间的空间就是向下跳空缺口。实际上，股票 K 线图上经常出现跳空高开缺口、跳空低开缺口，有些缺口可能会当日回补，有些缺口可能很长时间都不会回补。缺口理论认为，无论是上涨形态还是下跌形态，缺口主要有三种：第一种是突破缺口。突破缺口是指一拨上升形态或下跌形态的开始，股价已经选择了新的运行方向，多数时候突破缺口短期不会回补。第二种是中途缺口。中途缺口是指股价上升或下跌中途出现的缺口。这种缺口可能多次出现，多数中途缺口会回补。第三种是竭尽缺口。竭尽缺口是指上升形态或下跌形态到了末端，多方或空方做的最后一次全力出击形成的跳空缺口。竭尽缺口出现后，股价很快就会改变原来的运行趋势。向上调控的竭尽缺口出现以后，投资者要考虑开始缓慢降低仓位，等待股价完成最后的冲高时清仓。

四、强势区间、完美区间、弱势区间的转换关系

总结一下先行指标 CCI 运行的短线强势区间、完美区间、弱势区间这三者之间的转换关系。短线强势区间出现的概率相对较小，出现后股价短线上涨的速度很快，但持续的时间一般不会很长，多数时候不会超过 13 个交易日。短线强势区间运行一小段时间后，先行指标 CCI 就会跌破 60°线，运行到完美区间。股价稳步上升的时候，先行指标 CCI 多数时候会运行在完美区间，完美区间可能会在股价上升过程中反复出现。有时候先行指标 CCI 会跌破 30°线运行到弱势区间，只要是上升形态，先行指标 CCI 很快还是会回到新的完美区间。当股价出现转弱迹象时，先行指标 CCI 就会从完美区间运行到弱势区间；当股价转强时，先行指标 CCI 就会从弱势区间运行到完美区间。

股票的 K 线图是连续的，先行指标 CCI 的曲线也是连续的，但短线强势区间、完美区间、弱势区间的起点可能是一个，也可能不是一个，先行指标 CCI 完成一个下跌形态后，就会出现一个新的区间的起点，有时候十几个交易日先行指标 CCI 就会完成一个下跌形态，就会出现一个新的先行指标 CCI 区间的起点。

第二节　先行指标 CCI 下跌角度变化传递趋势信号

一、先行指标 CCI 下跌角度由陡变缓

先行指标 CCI 无论是在上涨形态还是在下跌形态，很少出现从上向下、从 0 轴上方的非常态区间或极端区间直接跌到 0 轴下方的非常态区间或极端区间，下跌过程中没有抵抗，先行指标 CCI 以一个比较陡的角度向下运行。这种形态很像逃顶抄底 RSI 强势调整形态。股价下跌接近低点时，先行指标 CCI 的下行角度会发生变化，由之前比较陡的下跌角度变为相对平缓的下跌角度。看到这样的形态，就知道短线、中线低点就要出现了。

上述形态有几个要素投资者一定要牢记。第一是先行指标 CCI 从上向下运行时，曲线是笔直的，不能出现先行指标 CCI 走平或反弹后再向下运行。第二是先行指标 CCI 从上往下运行的起点必须是高点，是先行指标 CCI 完成上升形态的高点，不能出现已经从高点向下运行或走平的情况。第三是先行指标 CCI 从上向下运行的起点原则上不能低于 150，不能高于 250，如果当时先行指标 CCI 的参数过高，就算走出完全相同的形态，做空能量也很难充分释放，很可能股价短暂反弹之后，再次创出新低。如果当时先行指标 CCI 的参数低于 150，其做空能量不会很大，即使跌到非常态期间或极端区间，下跌过程中累积的做多能量也不会很强，股价之后的走势会有变数。第四是先行指标 CCI 从上向下运行角度由比较陡转变为比较平缓，角度平缓持续的时间一般是一个交易日，最多两个交易日股价就会出现中短线低点。如果角度变缓后持续时间超过两个交易日，那么形态不成立。

二、先行指标 CCI 曲线角度变化案例分析

来看一个先行指标 CCI 角度变缓的案例（见图 4-5）。2022 年 4 月 27 日格尔软件的股票价格出现低点后开始震荡上涨，5 月 24 日股价放量下跌拉出一根大阴线，日线对应的先行指标 CCI 从 184.29 直接下跌到 -123.97，先行指标 CCI 趋势线的角度比较陡，中间没有任何抵抗形态。

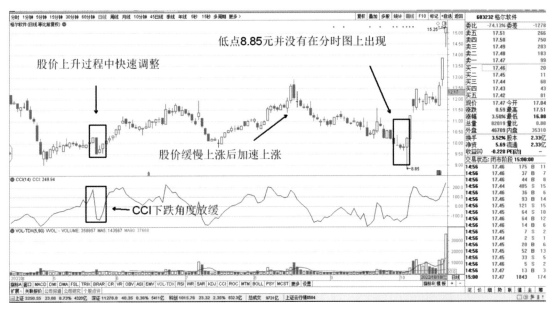

图 4-5 2022 年 4 月 27 日格尔软件先行指标 CCI 出现由陡变缓的形态

先行指标 CCI 下跌的起点对应的参数在 150 到 250 之间，符合形态特征。投资者看到先行指标 CCI 下跌的形态，就要注意该指标是否会走出战法中描述的下跌角度由陡转缓的形态。第二个交易日先行指标 CCI 的形态非常重要，如果下行的角度开始放缓，短线、中线市场机会可能就会出现。次日，先行指标 CCI 的下跌幅度明显放缓，符合形态特征。值得注意的是，该股股价的走势与先行指标 CCI 完全不同，早盘跳空高开，虽然收盘涨幅不大，但以小阳线报收，早盘的向上跳空缺口并没有回补，说明做空能量已经很弱，多方会在之后慢慢地主导市场。第三个交易日，格尔软件小幅上涨，以小阳线报收，日线对应的先行指标 CCI 直接以较陡的角度向上运行。之后将近三个月的时间，该股股价从 9.52 元上涨到 12.9 元，涨幅达到 32%。各位可能注意到，

在股价震荡上涨的过程中，先行指标 CCI 一度创出新低，也没有破坏股价稳步走高的形态。

2022 年 10 月 12 日，格尔软件的股价创出新低（见图 4-6），当日低点为 8.85 元，之后开始大幅上涨，表面上看是一个新的上升形态的开始，似乎与先行指标 CCI 战法中讲的形态没有关系，实际上笔者是特意选了这只股票作为案例和大家分享的。虽然该股创出新低，但低点并不是有效的。

图 4-6 2022 年 10 月 12 日格尔软件出现无效低点

给大家解释一下个股的分时走势图是怎么构成的。每天投资者看到自己持有的股票的分时走势图是一条震荡的曲线，曲线是由成交价格对应的点连成曲线的。如果股价波动不大或成交速度比较快，分时走势的曲线图就是一条普通的曲线；但如果在交易过程中出现单笔较大的买盘或卖盘，买盘或卖盘的委托价格远远高于或低于当时的市场价格，分时曲线图上可能就会突然出现向上或向下运行。

比如说，某只个股的成交价格是 10 元，可能某个机构或大户着急减仓，直接在 9.4 元卖出该股 100 万股，这只股票在 9.4 元到 10 元之间所有买盘不到 100 万股，那么在分时图上就会出现曲线直接下跌到 9.4 元。如果股价在 9.4 元只成交一笔，第二笔股价就又回到 10 元附近，分时图上的曲线只会瞬间触及 9.4 元，不会在 9.4 元留下痕迹；如果在 9.4 元成交两笔或更多笔，分时图的曲线上就会留下痕迹。股票继续交易是可以在分时图上看到 9.4 元的价格的，这就是为什么有些个股的 K 线图上有很低的价格，但在分时走势图上却看不到对应的很低的价格。

格尔软件当天的最低价格是 8.85 元，这个价格远远低于当天的均价线 9.93 元。而在当天的分时图上显示的最低价格大约是 9.7 元，根本看不到 K 线图上的 8.85 元，这说明当天的低点可能是某一笔比较大的抛盘直接卖到 8.85 元，股价只在 8.85 元成交一笔就回到大单卖出前的价格。这种只有一笔成交的价格不会在分时图上留下痕迹，属于无效的。因此，在实战中，投资者可以忽略这个点。也可以说，2022 年 5 月 25 日先行指标 CCI 走出预期的形态后，股价震荡上涨后做了一次对前期低点的确认，延后才开始大幅上涨。经过半年的上涨，股价涨幅超过 100%。

均价线是指当天所有成交价格的加权平均价。如果股价多数时间在均价线下方运行，说明当时股票形态比较弱；如果当时的股价多数时候在均价线上方运行，说明当时的股价比较强。有些时候，股价黏合在均价线上，这样的分时图可能在传递多空处于胶着状态，经过一段时间的多空交战股价短线就要选择方向了。需要强调一下，有些大市值的低价格，股价每天的振幅只有几分钱，分时图也会出现股价以均价线黏合，这种不能认定为股价即将选择方向。

上述形态虽然不会经常出现，但如果出现短线盈利的概率还是很高的。比如说，2022 年 4 月 27 日顶点软件（603383）、2022 年 8 月 31 日威星智能（002849）、2022 年 4 月 27 日仲景食品（300908）等个股都出现了比较标准的形态。投资者按照先行指标 CCI 战法中的要点对比一下，能够更好地理解先行指标 CCI 的使用方法。

我们来看一个看上去很像先行指标 CCI 从上向下直接跌下去的形态，实际上属于完全不同的形态（见图 4-7）。

图4-7 2022年8月23日扬电科技（301012）日线对应的先行指标CCI下跌起点低于150

　　2022年8月23日扬电科技（301012）日线对应的先行指标CCI从125.10笔直快速下跌到-257.14。如果只看先行指标CCI的形态，不看对应的参数，确实很容易认定形态符合条件。但各位投资者请注意，先行指标CCI的下跌起点是125.10，远远低于150的下跌起点的下限；更重要的是先行指标CCI笔直下跌起点出现前的一个交易日，该指标已经从最高点掉头向下，这种走势违背了形态的要点。就算其他条件都符合，也不能认定这种形态是符合条件的形态。还有，先行指标CCI跌到低点时没有出现角度由陡变缓，也不符合形态特征。因此建议各位投资者，在使用任何技术指标时都要把重要的市场特征看清楚，不能简单地看看觉得很像就主观认为符合条件，就作为买卖股票的依据。

第五章

先行指标 CCI 的
上涨形态

第一节　大盘或个股构筑大底时先行指标 CCI 的形态

一、大盘下跌末端投资者的悲观情绪影响操作策略

大盘和个股的底部在没有完成底部构筑并向上突破前，能够提前确认底部重仓买入的投资者很少，只有很少的先知先觉的机构投资者和中小投资者在悄悄地建仓。底部形态形成出现一拨大幅上涨之后，会有很多投资者抱怨为什么没有在底部重仓买入股票，几乎每一次大盘大幅上涨都会有事后诸葛亮般的投资者指点江山。笔者认为，大盘或个股构筑底部形态时，市场的悲观情绪远远持续蔓延，指数或股价偶尔创出新低，偶尔短线跳水都会对投资者的心态造成负面的影响，这个是投资者不敢重仓买股票的第一个原因。第二个原因是股价持续下跌，媒体也好，投资者也好，都会去找大盘或个股下跌的原因，很容易总结出一大堆负面的消息。有些投资者甚至因为股价跌得比较多能够主观想象出一些所谓的利空，总会担心自己持有的股票会暴雷，某一天股价跌得多一点就会加入做空的队伍。

如果投资者能够换一种思维方式去思考，也许就敢于在低位重仓买入股票。例如，2020 年 2 月宁德时代的最高价是 168 元，一个月以后该股的最低价约 104 元，一个多月的时间股价下跌了 60 多元。股价下跌无非两个原因，一是上市公司的基本面发生了变化，比如业绩大幅下降，造假等被立案调查；二是大盘同时期出现了一定幅度的下跌。如果是前者，股价出现一拨下跌很难释放基本面变化积累的做空能量，只能观望等待不能急于进场。而宁德时代无论是 2019 年年报还是 2020 年一季度报业绩都呈现稳步增长，也没有其他负面的信息。股价一个多月就跌了 30%，对于投资者来说，这时候机会远远大于风险。再看看之后宁德时代的走势，3 个多月以后，股价涨幅超过 100%。看到这个案例，请各位投资者记住，如果上市公司的基本面没有变化，股价却出现了短线或中线大幅下跌，市场机会也就出现了。

二、先行指标 CCI 确认大底的要素

当大盘或个股出现上述市场特征的时候，如果大盘或个股正在构筑一个级别比较大的底部形态，先行指标 CCI 就能够帮助投资者确认底部形态。使用先行指标 CCI 确认大盘或个股的底部形态其中的一种方法的要素如下：大盘或个股大幅反复下跌后构筑中长期大底时，指数或股价涨跌幅都不大，先行指标 CCI 会出现反复冲高回落，一般会出现二次或三次买入背离。上述市场特征出现后，中线甚至长线买入机会很快就会出现。大盘或个股如果出现上述形态，指数或股价很快创出近期新高，预示着大盘或个股已经运行到上升趋势。

三、先行指标 CCI 底部特征案例分析

来看一个使用先行指标 CCI 判断大盘底部的案例（见图 5-1）。2010 年 11 月 11 日上证指数收于 3186 点后开始下跌，经过近两年的下跌，上证指数跌到了 2000 点附近，可以说，上证指数已经完成或即将完成反复下跌的走势。从这时候开始，投资者就应该注意上证指数的 K 线图和先行指标 CCI 是否会出现典型的底部市场特征。

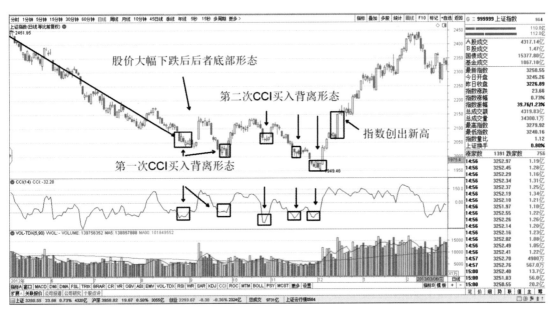

图 5-1 上证指数日线先行指标 CCI 构筑大跌的形态

2012 年 8 月 31 日上证指数日线对应的先行指标 CCI 在非常态区间构筑了一个非标准的 W 底形态，9 月 7 日上证指数收出一根 3.7% 的阳线，说明先行指标 CCI 构筑的 W 底形态聚集的做多能量很强。9 月 27 日，上证指数在常态区间和非常态区间的临界位构筑了第二个非标准的 W 底形态，之后的几个交易日上证指数上涨了 11%，也说明第二个非标准 W 底形态聚集的做多能量也很强。

正常情况下，两次构筑非标准 W 底形态出现后都应该走出一拨级别不太小的上涨行情，更重要的是两个非标准 W 底形态形成了背离形态，这种形态足以推动上证指数持续走强。但是上证指数短线反弹后再次向下运行，很快就创出新低。指数连续创出新低后企稳，再来看看上证指数的 K 线图与先行指标 CCI 之间的关系。10 月 29 日、11 月 16 日、11 月 29 日，先行指标 CCI 出现了三个重要低点，10 月 29 日的低点与 11 月 16 日的低点构成了买入背离形态，11 月 16 日的低点与 11 月 29 日的低点再次构成买入背离形态，笔者称上述形态为先行指标 CCI 二次买入背离。短短的三个月时间里，先行指标 CCI 出现多次买入背离，第一次买入背离上证指数并没有出现较强的上涨，说明做多能量没有释放，指数创出新低后，先行指标 CCI 出现了二次买入背离形态，整个过程聚集的做多能量会非常强。12 月 5 日，上证指数放量收出一根 2.87% 的中阳线，一拨上涨的标志性阳线出现了。12 月 14 日，上证指数大涨 4.32%，收盘点位突破了构筑底部形态的重要高点，确立了中期上升形态。两个月后上证指数完成了中期上涨，累计涨幅达到 25.4%。上证指数构筑底部过程中，先行指标 CCI 出现两次买入背离、指数震荡幅度不大等市场特征都符合形态特征，大盘上涨也就不意外了。

再来看一个先行指标 CCI 构筑底部形态的个股案例（见图 5-2）。2002 年 3 月 8 日贵州茅台出现了上市以来的第一个高点 5.98 元（前复权），2003 年 5 月 14 日贵州茅台出现了第一个重要低点 3.96 元（前复权），次日股价开始反弹，很快就反弹了 10% 以上。

当投资者看到贵州茅台走出反弹形态以后，很容易就能看出该股日线对应的先行指标 CCI 走出了买入背离形态。贵州茅台 2003 年 4 月 8 日先行指标 CCI 运行到 −205.64，当日收盘价为 4.3 元（前复权），5 月 13 日先行指标 CCI 运行到 −151.64，当日收盘价 3.97 元，次日股价反弹，先行指标 CCI 走出了标准的买入背离形态。买入背离出现后，股价出现了一拨反弹，反弹的力度不是很大，都没能突破构筑买入背离过程的高点。8 月 23 日，贵州茅台日线对应的先行指标 CCI 运行到 346.23，当日收盘价 4.12 元，9 月 23 日贵州茅台收出一根十字星，当日先行指标 CCI 对应的参数是 -113.89，次日股价开始上涨，先行指标 CCI 再次出现了买入背离形态。贵州茅台运行到这个位置基本上就能够认定底部形态即将完成，成交量放大，股价突破构筑底部形态的高点时就可以认定一拨级别较大的上涨行情出现了。2014 年 1 月 5 日贵州茅台上涨 4.9%，股价突破了构筑底部过程中的最高价，这时候应该是再次加仓的最佳时机，十八年后贵州茅台股价上涨 650 倍。

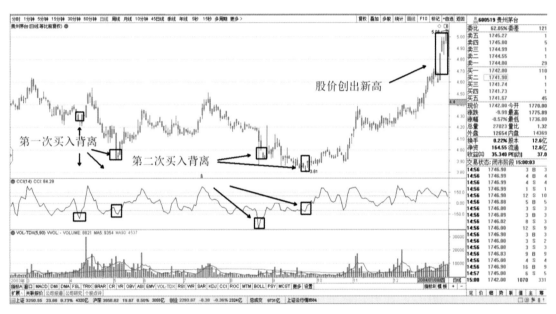

图 5-2 2003 年 5 月 14 日贵州茅台日线对应的先行指标 CCI 开始构筑大底形态

第二节　股价持续下跌先行指标 CCI 拒绝下跌

一、大盘下跌个股拒绝下跌案例分析

二十多年前笔者看到过一只非常奇怪的股票，这只股票已经退市，当时的名字如果没记错的话应该叫琼南洋，笔者简单给各位投资者描述一下这只股票当时的走势。当时的大盘运行得不好，指数在持续下跌，市场悲观情绪蔓延。因为当时沪、深两市

的股票数量不是很多，只有1000多只个股，大市值的个股更少，当时对指数影响比较大的大盘股是上海石化和马钢股份，这两只股票放在现在最多算中等市值的个股。大盘下跌几乎所有股票都会下跌，有些个股和大盘同步下跌，有些个股提前或之后指数下跌。笔者谈到的琼南洋是一只奇怪的股票是因为大盘下跌，这只股票始终在某区间震荡整理。有时候大盘跌多了，琼南洋也会收出较大的阴线，也会创出阶段新低。但第二日或第三日，无论指数怎么走股价都会重新向上，多数时候股价与指数似乎没什么关系。用一句话描述就是大盘反复下跌，琼南洋做箱体震荡。琼南洋构筑箱体的走势持续了几个月，突然有一天开始向上发力，不久股价就翻倍了。过了很久，笔者回忆这只股票走势的时候，才明白大盘下跌，琼南洋拒绝下跌，实际上就是一直有一股力量在托着股价。或者说，一直有一股资金在买入这只股票。这股资金用几个月的时间完成收集筹码并找到一个向上突破的契机完成了从收集筹码到拉升股价完成出货的过程。

2013年笔者又看到一只类似形态的个股升达林业（002259，见图5-3）。该股连续几个月多数时间都运行在3.4元到3.8元之间，同一时间，上证指数从2013年春节后的第一个交易日2444点直接跌到6月25日的1849点，上证指数出现这样的跌幅，几乎可以让所有的股票重挫，而升达林业却在指数下跌初段将股价拉高，然后再回落，为指数下跌对股价的影响预留了空间。2013年5月29日，上证指数开始加速下跌，升达林业逆势上涨，8月12日上涨到8.2元，涨幅达到1.4倍。升达林业上涨到8.2元时，上证指数大约2100点，比升达林业上涨前的指数还要低。

笔者比较详细地写了两个案例就是想告诉大家，当大盘持续下跌的时候，股价能够在某一个比较低的位置横盘震荡或缓慢上行就是在传递有资金在慢慢地买入该股。大盘持续下跌，个股拒绝下跌，说明有很强的做多能量持续释放；个股股价下跌，先行指标CCI拒绝下跌，也说明有一股很强的做多能量在持续释放。

来看一个具体的案例（见图5-4）。2022年7月26日果麦文化（301052）出现重要的高点后开始一路下跌，8月11日该股下跌8.58%，日线对应的先行指标CCI直接跌到-220.38。先行指标CCI跌到0轴以下的极端区间后的几个交易日应该会出现技术性反弹，但果麦文化却没有走出本来应该出现的反弹走势。之后的将近两个月的时间，股价持续下跌，没有出现一次持续几天的反弹。

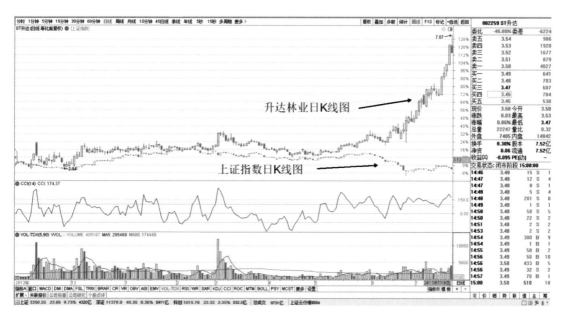

图 5-3　大盘下跌升达林业（002259）拒绝下跌

图 5-4　2022 年 8 月果麦文化（301052）日线对应的先行指标 CCI 构筑大底形态

　　值得注意的是，股价跌了两个月，先行指标 CCI 在两个月的时间里始终在 -150 到 -50 之间运行，股价大跌该指标没有出现充分释放做空能量的走势。看到这里，各位投资者应该想到琼南洋和升达林业两个案例。实际上，股价持续下跌，先行指标CCI拒绝下跌，说明做多能量正在聚集，股价下跌过程中，有资金在耐心地收集筹码。

我们再来看看股价下跌先行指标CCI的形态。8月11日和9月1日先行指标CCI走出了第一次买入背离，股价并没有因为买入背离出现而上涨，很快股价就再次创出新低。9月19日、9月26日和10月11日先行指标CCI走出了二次买入背离。各位在之前的章节中学到过两次或三次买入背离会出现做多能量的叠加，也就是说这时候的做多能量是很强的。第二次买入背离出现后，果麦文化用了两周左右的时间构筑了底部形态，延后开始上涨。2022年11月16日果麦文化拉出一根20%涨幅的大阳线，次日盘中股价一度再次攻击到涨幅20%的涨停位置。该股用了不到一个月的时间，从低点到高点涨幅约70%。笔者认为，该股下跌时，没有人会看到之后可能出现大幅上涨，但先行指标CCI与K线之间的关系却明确地提示了下跌过程中有资金在买入该股，虽然这种战法无法判断哪一天股价能够大涨，但很容易判断股价次低点的位置。

二、先行指标 CCI 拒绝下跌构筑大底的要点

下面总结一下先行指标CCI拒绝下跌构筑大底要点。第一是股价持续下跌，先行指标CCI拒绝下跌，该指标拒绝下跌前会出现一个重要低点。第二是先行指标CCI的横盘震荡的位置必须在0轴下方，震荡过程中先行指标CCI不会再创新低。第三是先行指标CCI可能出现两次或三次买入背离的走势。第四是技术指标MACD等也会走出买入背离或其他底部信号。

第三节　先行指标 CCI 低位震荡后向上运行或出现中期行情

一、先行指标 CCI 低位运行出大底的要点

股价长期下跌，下跌过程中至少出现两次力度较大的反弹，这个是前提条件。当前提条件出现之后，先行指标CCI向下跌破-100运行到非常态区间，如果先行指标CCI在较低的位置运行了相当长的一段时间之后开始掉头向上，表明短期底部初步确立。先行指标CCI在较低的位置运行时间越长，底部越扎实。

先行指标 CCI 在低位运行的时间越长，说明聚集的做多能量越强，之后股价上涨的动力越强。先行指标 CCI 在低位运行的时间是指该指标在 100 附近，最好是在 100 以上向下跌破 -100 以后在 0 轴下方运行的时间，该指标在 0 轴下方停留的时间越长，其后的行情越大，甚至会走出中期级别以上的行情。

二、先行指标 CCI 持续低位运行构筑大底案例

来看一个先行指标 CCI 持续低位运行后大涨的案例（见图 5-5）。

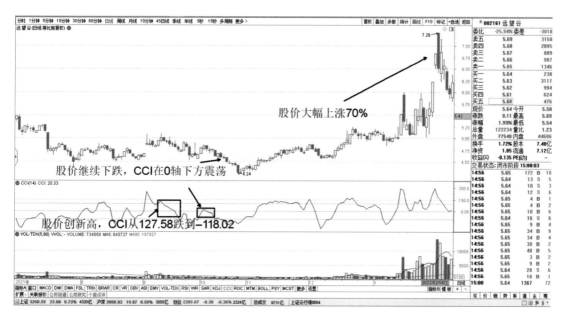

图 5-5 2021 年 10 月远望谷（002161）先行指标 CCI 构筑大底形态

远望谷（002161）2021 年 9 月 9 日，股价反弹创出收盘新高 5.01 元，这时候先行指标 CCI 没能够与股价同步创出新高，说明做多能量已经很弱，一般情况下股价要调整了。请注意这一天收盘，先行指标 CCI 日线对应的位置是 127.58，7 个交易日之后，先行指标 CCI 就跌到 -118.02，再过几个交易日该指标跌破 -200。出现上述市场特征之后，已经符合了股价可能大幅上升的第一个重要条件，即先行指标 CCI 从 100 以上跌到 -100 以下。先行指标 CCI 见底开始反弹，只用了 6 个交易日就反弹到 0 轴附近（这里的 0 轴附近是指先行指标 CCI 在 50 到 -50 之间）。该指标运行到 0 轴附近后马上掉头向下运行，说明股价并没有出现低点，短线还有一定的下跌空间。需要强调一下，

先行指标 CCI 在低位向上运行到 0 轴附近后直接选择掉头向下运行，说明这时候的做空能量很强，股价之前虽然已经跌幅较大，但最后一段的下跌一般幅度也不会太小。果然，之后的两周多的时间该股股价下跌了大约 15%，先行指标 CCI 继续在 0 轴下方运行。先行指标 CCI 从 100 以上跌到 -100 以下并在 0 轴下方运行的时间已经达到 27 个交易日，符合了股价可能上升甚至大幅上涨的第二个重要条件。实际上，这个时候先行指标 CCI 已经走出了非常清晰的买入背离形态，就算之后没能走出大级别的上涨行情，中短线出现一拨上涨也是大概率事件。

看到上述市场特征之后，我们要再看看符合大涨形态的前提条件是否已经出现（见图 5-6）。

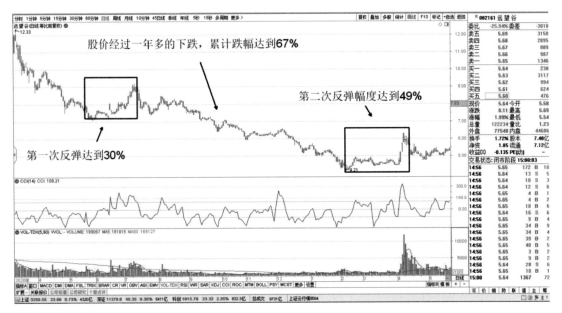

图 5-6 远望谷（002161）日线对应的先行指标 CCI 构筑大底前的下跌形态

远望谷重要的高点出现在 2020 年 3 月 5 日，当时股价最高点是 12.98 元，之后一年多的时间股价持续下跌，到出现所有符合大幅上涨的市场特征前，股价最大跌幅达到 67.3%。从 K 线图上，我们可以清楚地看到，整个下跌过程出现了两次比较大的反弹，第一次出现在 2020 年 5 月 28 日到 2020 年 7 月 10 日，股价从 7.05 元涨到 9.17 元，涨幅达到 30%；第二次出现在 2021 年 2 月 4 日到 2021 年 4 月 8 日，股价从 4.21 元涨到 6.29 元，涨幅达到 49%。该股下跌过程中出现两次力度较大的反弹，很好地消化做多能量，为之后该股走出大级别上涨奠定了基础。给各位解释一下，为什么一定要有两次左右的力度较大的反弹。大家都知道，股价在下跌过程中出现反弹是很正常的走势，有些反弹力度很大，有些反弹力度很小。反弹的力度越大，消耗的做多能量也就越多，股价再次下跌向下的动力也就越大；反弹的力度小，聚集的做多能量也就越小，股价再次下跌向下的动力也就会小一些。如果中长期下跌出现两次或三次大级别反弹，做空能量消耗要比做多能量消耗大一些；第三次或者是第四次下跌后做空能量就会很弱，出现大级别上涨的概率就会更大。因此，即使出现了先行指标 CCI 从 100 以上跌到 -100 以下并在 0 轴下方震荡，只要没有出现股价中期下跌且下跌过程之后出现幅度较大的反弹，就不符合上述形态。请各位投资者一定要注意，任何大涨或大跌的形态都会有几个重要的市场特征，只出现其中部分市场特征其后的走势符合预期的可能性比较小，实战应用中不能因为偏好只关注自己习惯看的技术指标或 K 线形态，一定要看到所有的市场特征后再做操作决定。

第六章

先行指标 CCI 的下跌形态

第一节　先行指标 CCI 无抵抗下跌后反弹是逃顶机会

一、先行指标 CCI 无抵抗下跌形态后逃顶要点

　　股价运行在上升形态末端或下跌趋势中的反弹形态末端，先行指标 CCI 从高点快速下跌到低点，下跌过程中没有出现抵抗形态或角度减小反弹的走势。先行指标 CCI 下跌到低点后，股价就开始反弹，有的时候看上去股价反弹的力度比较大，但不会太久股价就会再次下跌，下跌的动力可能会很大，多数时候股价可能创出阶段性新低。先行指标 CCI 出现上述形态后股价反弹是比较好的逃顶机会。

二、先行指标 CCI 无抵抗下跌后反弹逃顶形态案例分析

　　来看一个先行指标 CCI 无抵抗下跌后的逃顶形态的案例（见图 6-1）。

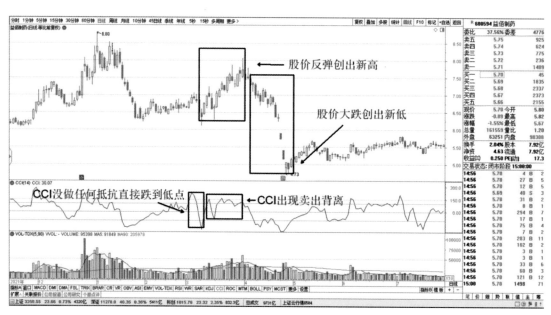

图 6-1　2022 年 3 月 9 日益佰制药（600594）日线对应的先行指标 CCI 无抵抗下跌形态

　　2022 年 1 月 4 日益佰制药（600594）完成上升形态出现重要高点 8.8 元，之后该股趋势改变开始运行下跌形态。2022 年 3 月 9 日益佰制药日线对应的先行指标 CCI 从

高点 226.83 直接跌到 -210.80，中间没有出现任何抵抗形态，角度也没有发生由陡变缓的情况。看到上述形态，投资者要提醒自己，一轮至少两拨的下跌形态可能要开始了。先行指标 CCI 跌到 -200 以下开始掉头向上，股价从 6.11 元反弹到 8.07 元，可以说反弹的力度很大。但请各位注意，虽然反弹的力度很大，反弹的高点并没有创出新高。说明本次反弹只是下跌趋势中出现的技术性反弹。同时我们也看到，该股股价反弹创出短线新高，先行指标 CCI 并没有同步创出反弹新高，卖出背离形态基本成立。

下面解释一下先行指标 CCI 从高点直接跌到低点不做任何反弹、抵抗多空能量的变化。先行指标 CCI 完成一次上升形态会消耗非常多的做多能量，上升过程中很少出现直接上行、不做修正的。前文介绍过，先行指标 CCI 从低点直接运行到 60°线到 90°线之间，持续的时间会比较短暂，做多能量不支持股价持续时间很长的快速上涨。相反，先行指标 CCI 如果从 0 轴上方的极端区间或非常态区间直接跌到 0 轴下方的极端区间或非常态区间，消耗的做空能量也会很多，当时的做空能量也不支持股价持续下跌。当做空能量消耗到一定程度以后，做多能量就会快速增强，股价就会反弹。

例如，一位长跑运动员，可以匀速完成 1 万米的比赛，到最后的冲刺阶段速度可能会更快一些，因为运动员在比赛中通过调整呼吸、节奏等方法保持体力。运动员的 1 万米比赛和股价下跌过程中出现反复反弹类似，每一次反弹都是在聚集做空能量，做空能量也就会推动股价反复下跌。如果让这位运动员去参加 100 米比赛，跑步的速度一定比 1 万米的速度快很多。运动员 100 米的比赛就类似于股价很短的时间大跌，先行指标 CCI 在很短的时间运行到 0 轴上方的极端区间或非常态区间。各位想一下，运动员 100 米的比赛结束后，如果马上去参加 1 万米的比赛还能跑出直接参加 1 万米的成绩吗？答案一定是否定的。但 100 米比赛结束后，适当地恢复还会有充足的体力去完成 1 万米的比赛，成绩也会很好。适当地恢复就和先行指标 CCI 快速下跌后开始反弹类似，这也是先行指标 CCI 快速下跌后股价能够创出新高的原因。

益佰制药反弹后走出了卖出背离形态，股价下跌不可避免。但之后的股价短线大幅下跌的主要动力除了卖出背离形态出现形成的做空能量之外还有另一股做空能量，两股做空能量导致了股价大幅下跌。我们再回到先行指标 CCI 从高点快速跌到低点时的能量变化说起,这时候的做空能量因为短线释放过快,而不是做空能量已经充分释放。比如说,参加100米比赛后休息一会儿再次参加100米比赛差不多还能跑出相同的成绩;但参加1万米比赛休息一会儿,很难跑出差不多相同的成绩。请各位注意,先行指标CCI的快速下跌做空能量没有充分释放,之后股价反弹甚至创出近期新高,累积的做空能量会很强,当股价完成反弹后,两股做空能量就会同时释放。即使益佰制药没有走出卖出背离形态之后股价也会再次下跌并大概率创出新低。而该股两股做空能量以外又叠加了卖出背离形成的做空能量,股价短线出现大跌也就比较正常了。

同样,符合先行指标CCI拒绝下跌反弹逃顶的形态的案例也比较多,比如说,2022年1月17日开始下跌的久日新材(688199,见图6-2)和2022年3月1日开始下跌的久之洋(300516,见图6-3)。各位可以观察这些个股的K线图,仔细对照战法中讲到的要点,熟悉要点后才能在实战中使用。

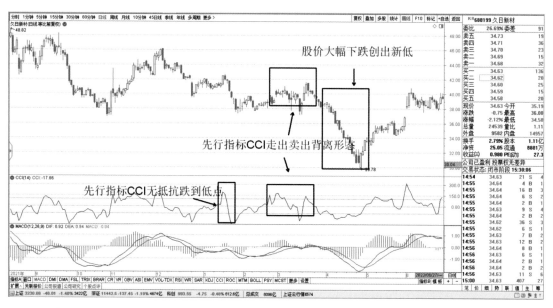

图6-2 2022年1月17日开始久日新材(688199)走出CCI无抵抗下跌形态

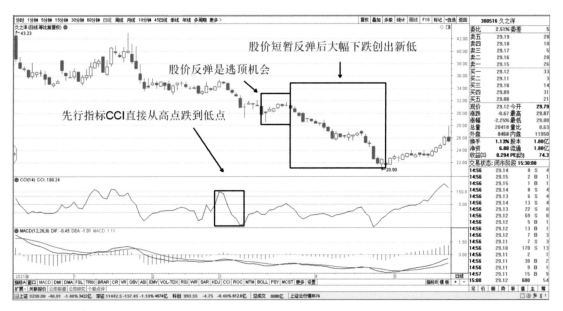

图 6-3 2022 年 3 月 1 日开始久之洋（300516）走出无抵抗下跌形态

第二节　先行指标 CCI 抵抗后再创新低

一、先行指标抵抗形态要点

　　股价完成上升形态后短线大幅快速下跌，先行指标 CCI 同步下跌。先行指标 CCI 下跌过程中在某一区间做一次两周左右的抵抗，延后先行指标 CCI 再次下跌创出调整新低，个股股价也会同步创出新低。个股股价创出新低后不久就会有买入信号出现，个股的重要低点也就出现了。先行指标 CCI 抵抗后再创新低的形态中先行指标 CCI 第一段下跌抵抗阶段是减仓的关键时刻，这时的股价已经有一定跌幅，但抵抗之后跌幅一般都不会太小。先行指标 CCI 创出新低后的低点可能是短线低点，也可能是熊市终点。

二、先行指标 CCI 抵抗形态案例分析

　　来看一个先行指标 CCI 抵抗后再创新低的案例（见图 6-4）。

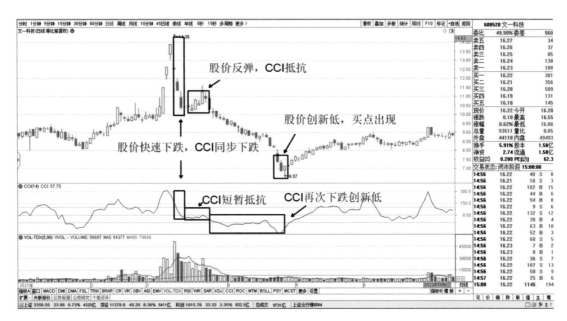

图6-4　2022年3月文一科技（600520）走出抵抗下跌形态

2022年3月10日文一科技（600520）拉出第三个涨停板，次日股价跳空低开后盘中再次冲高完成了上升形态，当日文一科技接近跌停板收盘，第三日股价跌停板，第四日股价接近跌停板。短短7个交易日，股价如同过山车一样从哪里来跌回到哪里去。

也许各位投资者不会相信，绝大多数股票无论经过几轮牛市、几轮熊市，最终都会回到上涨的起点。有些股票完成一次循环只需要几年，比如说西宁特钢从1998年到2005年就完成了一次股价从起点到高点再回到起点的循环；有些股票完成一次循环可能需要几十年，比如说第一批上市老八股中的飞乐股份，现在更名为*ST中安，用了20年的时间完成了一次循环。很多目前非常好的上市公司，经过几十年甚至更长时间的经营，也会从巅峰走向低谷。

投资者可以考虑成长性较好的个股中长期投资，但投资周期最多控制在十几年，再好的行业，经过十几年的高速增长也会放缓。千万不要把涨幅巨大、投资者空前一致看好的股票作为长期投资的目标。前几年抱团取暖的那些持续上涨十几年、涨幅数十倍的个股的股价接近巅峰的时候，吸引了大量的资金疯狂追涨，虽然这些个股不会跌回到起点，但没有几年的调整，是不会出现较大幅的上涨的机会的。

文一科技短线急涨快跌股价回到起点后开始反弹，经过5个交易日股价出现一定幅度的反弹。可以说短线股价快速下跌后反弹属于正常的走势，简单地从 K 线形态上看，没有任何提示股价即将下跌的信号。但是，股价反弹的几个交易日，日线对应的先行指标 CCI 的走势却出现了异常。一般情况下，股价反弹，先行指标 CCI 也会同步反弹，有时候可能出现股价反弹的力度较大、先行指标 CCI 反弹的力度较小，这就是经常出现的卖出背离形态。文一科技股价反弹，先行指标 CCI 却没有和股价同步反弹。3 月 16 日文一科技日线对应的先行指标 CCI 参数为 -37.8，收盘价为 10.4 元。3 月 23 日文一科技日线对应的先行指标 CCI 参数为 -1.523，收盘价为 11.24 元。4 个交易日股价上涨接近 10%，先行指标 CCI 4 个交易日都在 -50 到 0 轴之间震荡，可以用先行指标 CCI 几乎没什么变化来形容。各位投资者可以随便看看股价上涨 10% 对应的先行指标 CCI 是如何运行的，大概率会出现一定幅度的上涨。

三、股价上涨，先行指标 CCI 不同步，于是做多能量很弱

股价上涨，先行指标 CCI 不同步上涨，说明当时股票的做多能量很弱，这种走势说明先行指标 CCI 在做最后的抵抗。各位投资者都知道，技术指标也好，K 线形态也好，被动抵抗消耗的做多能量是非常大的。股价下跌过程中做多能量已经很弱，抵抗中又消耗了很多做多能量。当做多能量充分释放后，股价不可避免地走出持续下跌的走势。文一科技经过几个交易日的抵抗，本来很弱的做多能量迅速地消耗掉，股价下跌甚至加速下跌也就不可避免。各位投资者请注意，股价运行到下跌趋势后，只要出现股价短线反弹，日线对应的先行指标 CCI 没有同步反弹，一定要谨慎对待。对于持有股票的投资者，不能幻想股价能够继续上涨，果断减仓才是最重要的策略。更重要的是，股价下跌跌破短暂的反弹起点后，千万不要盲目地进场做反弹。因为，上述形态出现后，股价跌破反弹起点预示着新一轮下跌的开始，日线上没有出现企稳信号前买入被套的概率很大。

3 月 29 日文一科技股价向下运行，跌破了 3 月 16 日该股低点 9.88 元，新一拨下跌正式开始。经过近一个月的下跌，文一科技最低下跌到 6.57 元，从 3 月 16 日破位开始计算到低点出现，股价下跌幅度超过 30%。先行指标 CCI 抵抗后再创新低的形态要素非常重要，更主要的是先行指标 CCI 出现异常不要急于逢低吸纳，要坚决减仓。

股价跌破反弹起点时，虽然股价从高点计算已经跌幅很大，很容易吸引投资者短线做反弹。相反，告诉各位投资者的不是做反弹，而是最后的减仓机会，短线买入被套几乎无悬念。

第三节　先行指标 CCI 持续向下观望为上

一、先行指标 CCI 持续向下运行预示着做空能量较强

当先行指标 CCI 向下突破 -100 运行到非常态区间后，只要先行指标 CCI 一路震荡向下运行，就表明股价弱势依旧，做空能量比较强，最佳策略是持币观望。

《曹刿论战》中的一鼓作气、再而衰、三而竭适用于古代战场，也适用于今天的股市。很多投资者之所以在股市中赚不到钱，比较重要的一个原因是账户里有钱就想买股票，不懂得等待最佳机会再出手。电影《金钱永不眠》里男主人公的一句台词是"巨额财富是等来的"，笔者认为非常有道理，没有足够的耐心很可能在股票下跌过程中陆续买入，等股价出现低点的时候已经被套很多了。

给大家讲一个真实的事。2007 年上证指数涨到 6124 点前后，我的一个炒股的朋友听了我的建议将所有的股票都清仓了，当时手中握着 300 万元现金是很牛的。不长时间大盘开始下跌，很短的时间股价就跌了很多。我这位炒股的朋友拿着钱总想买股票，我一次又一次地提醒他不要着急。有一天他告诉我买了 1000 股某有色金属板块的个股，花了 8 万多元。我还清楚地记得当时这位炒股的朋友告诉我就算都赔了也没事。之后大盘继续下跌，股价也在下跌。这位炒股的朋友开始补仓，直接买了 2000 股，告诉我说只要反弹就能解套，到时候卖了就不再买了。遗憾的是，股价继续下跌，从 80 多元跌到大约 30 元的时候，300 万元现金已经全部补仓买了这只有色金属个股，整个补仓过程中几乎没给他任何补仓解套的机会。又过了几个月，这只股票跌到了十几元，当时的 300 万元股票资产剩了不到 100 万元。各位想一想，如果能够沉住气，有足够的耐心，即使不能在底部全仓买入，也不会出现 60% 以上的亏损。

二、下跌趋势形成不要急于抢反弹

大家都应该知道，股票下跌过程中一旦形成趋势，特别是先行指标 CCI 形成下跌趋势，直接跌破 -100，那就需要一点耐心。而这个时候，很多投资者看到一直观察的个股跌了很多，买入的意愿就很强，就会把下跌趋势形成就不能急于进场买股票的铁律忘记了。对于投资者来说，只要再有一些耐心，也许就能在相对低位买入廉价筹码。因为，真正的低点在先行指标 CCI 发出转弱信号之后才会出现，而不是股价与先行指标 CCI 同步出现。所以这时候多一点耐心，少一分急躁，才是成熟投资者应该有的心态。

先行指标 CCI 向下突破 -100 进入非常态区间的时候，只要先行指标 CCI 一路向下震荡运行，就表明股价依旧弱势，投资者不要轻易抢反弹。很多时候，先行指标 CCI 跌破 -100 以后，股价跌幅已经很大了，抢反弹的心理很常见。但这时候真的别着急，只要先行指标 CCI 没有明显的企稳迹象千万不要着急，跌得再多也别着急。虽然可能会错过一些短线的反弹，即使错过了这种反弹，也无所谓。因为股市当中的机会太多了，只要我们抓住那些能看懂的机会就够了。在没有看到那些能看懂的市场机会前，多等两天最坏的结果就是踏空了，没买股票就涨起来了，这种最坏的结果总比下跌中途进场被深套要好吧。

来看一个先行指标 CCI 持续下行的案例（见图 6-5）。

2022 年 3 月 23 日双象股份（002395）当日涨停报收，股价下跌过程中出现涨停多数时候是技术性反弹，反弹过程中会聚集更强的做空能量，一般不会太久股价就会跌破涨停板的起点。之后的三周股价震荡下行，先行指标 CCI 从 126.68 跌到 -173.88，先行指标 CCI 的形态正式走弱，这时候虽然股价已经有 10% 以上的跌幅，但考虑到先行指标 CCI 提前发出卖出信号，只能观望，不能逢低买入。4 月 19 日该股收出一根抵抗性十字星，4 月 20 日开始加速下跌，仅用了 6 个交易日股价就下跌28.3%。如果各位看懂了这个案例，就能够更清晰地理解先行指标 CCI 的重要性。笔者再次提示，先行指标 CCI 具有一定的前瞻性，发出卖出信号时指数或个股可能还没有下跌，发出买入信号时指数和个股可能还没涨，这时候投资者很容易怀疑自己的判断是否正确。把握住先行指标 CCI 的特性，才有机会有效地回避风险。

图 6-5 2022 年 3 月双象股份（002395）的先行指标 CCI 走出持续下行的形态

再来看一个先行指标 CCI 持续下行案例（见图 6-6）。

图 6-6 2022 年 4 月省广集团（002400）的先行指标 CCI 走出持续下跌形态

2022 年 4 月 1 日，省广集团 002400 完成技术性反弹开始下跌，先行指标 CCI 从

151.55 跌到 -211.63，对应的股价从 5.39 元跌到 4.74 元，仅 3 个交易日股价就下跌

12%。对于一些喜欢做短线的投资者来说，这可是比较好的短线做反弹的机会，即使反弹下跌幅度的 50% 也有机会短时间内赚到四五个点的利润。这个时候，一直等待抢反弹的短线投资者就可能会开始买入，股价也会在这股力量的作用下开始反弹，也许几个小时，也许一两个交易日，抢反弹形成的做多能量就会消失，市场风险也就出现了，股价下跌也就不可避免。省广集团只收出一根阳线就再次下跌，这根阳线就是抢反弹投资者和被套补仓投资者买入拉升的。大约两周的时间，该股下跌 28.2%，跌幅可以用非常大来形容。如果懂得先行指标 CCI 的使用方法，躲过这次下跌应该是大概率。4 月 26 日，先行指标收出标志性阳线后发出买入信号，虽然当天上涨了 4 个点，从操作的角度看，这时候逢低进场会非常安全。

第七章

先行指标 CCI 抵抗次数 与能量的关系

第一节　先行指标 CCI 下行抵抗次数越多做多能量越弱

一、先行指标 CCI 的能量变化

一个球从几米高的地方落到地面上后会反弹起来，反弹再落下，再反弹再落下，反弹的高度第一次落地的时候最高，之后越来越低。球的运行轨迹与球下落的高度有着密切的关系，球下落的高度越高，向下的动力越大，反弹的力度也就越大。

同样，如果一只股票从比较高的位置持续下跌，下跌过程中几乎没有反弹，其后反弹的力度就会比较大。因为下跌过程中不反弹就不会消耗做多能量，当股价跌到重要的支撑位后开始反弹，下跌过程中累积的做多能量会集中释放，第一拨反弹的高度就会比较高。相反，股价下跌过程中出现多次反弹，消耗了一定的做多能量，股价出现低点后的第一拨反弹的幅度就会相对小一些。

先行指标 CCI 也是一样，下跌的起点越高，下跌过程中抵抗得越弱，其后反弹的力度就越强。上述市场特征出现后，先行指标 CCI 有时候不会马上出现强劲的反弹，可能会持续累积几股做多能量后才开始反弹。因此，如果遇到先行指标 CCI 无抵抗下跌后不反弹的个股，一定要密切跟踪之后的走势，也许这种个股完成做多能量聚集后会出现幅度非常大的上涨走势。

二、先行指标 CCI 的抵抗与能量关系要点

相同的道理，先行指标 CCI 下跌过程中出现抵抗的次数越少，抵抗持续的时间越短，消耗的做多能量越小，股价出现低点后第一拨反弹力度就会比较大。先行指标 CCI 抵抗的位置多数时候在 0 轴下方，该指标抵抗结束后会继续下行创出近期新低，股价也会同步下跌。当先行指标 CCI 掉头向上，股价还维持原来运行形态时，该股重要的低点就要出现了。逃顶抄底 RSI、先行指标 CCI 等指标可能会出现买入背离形态、双重买入背离形态等清晰的买入信号。对于投资者来说，最佳的做多机会已经出现，寻机做多必须坚决。

第二节　先行指标 CCI 抵抗次数与能量关系案例分析

一、股价、先行指标 CCI 同步出现无抵抗下跌案例

来看一个符合先行指标 CCI 抵抗次数与能量的关系形态的案例（见图 7-1）。

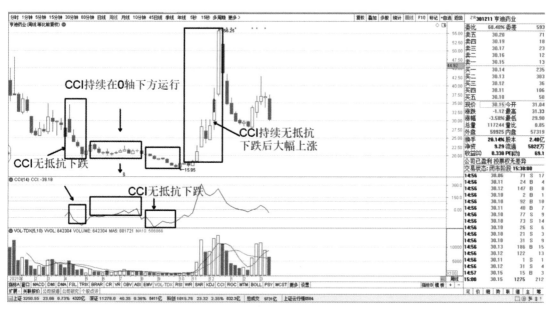

图 7-1　亨迪药业（301211）周线走出无抵抗下跌形态

亨迪药业（301211）周线图显示，该股上市第二周出现重要高点 48.15 元，之后股价一路下跌，下跌过程中股价出现两次 30% 以上的反弹，可以说反弹的力度还是比较大的。请各位注意，股价出现较大幅度的反弹会消耗较多的做多能量。该股上市第 15 周，股价出现第二个重要高点 34.52 元后一路下跌。2022 年 10 月第一个交易周股价出现重要低点后开始大幅上涨。请各位注意，亨迪药业从 2022 年 4 月第二个交易周出现第二个重要高点 34.52 元开始下跌到股价大幅上涨前，股价几乎没出现一次力度较强的反弹走势。从 K 线的角度判断，股价下跌的整个过程累积了一定的做多能量。

再来看看亨迪药业周线对应的先行指标 CCI 是如何运行的。下面解释一下该股上市后的前 13 周为什么先行指标 CCI 没有对应的参数：先行指标 CCI 常用的周期是

14，比如新股上市后日 K 线第 14 天才会出现第一个对应的参数。所以亨迪药业前 13 周是没有先行指标 CCI 参数的。2022 年 4 月 1 日周线该股收盘先行指标 CCI 才出现了第一个参数，一直到 2022 年 11 月 11 日周五该股收盘，先行指标 CCI 才首次有效运行到 0 轴上方。也就是说，个股周线的先行指标 CCI 连续 31 周都在 0 轴下方运行。其中，亨迪药业周线对应的先行指标 CCI 在 0 轴下方的抵抗形态从 2022 年 5 月 13 日周五收盘开始到 2022 年 8 月 5 日周五收盘结束，先行指标 CCI 抵抗形态结束以后继续下行创出新低。2022 年 8 月 9 日周五收盘股价继续下跌，先行指标 CCI 掉头向上运行。各位投资者看到这个会发现，亨迪药业从第二个重要高点开始下跌，先行指标 CCI 只出现一次在 0 轴下方的抵抗形态，时间也不是很长。上述形态完全符合先行指标 CCI 下跌过程中出现抵抗的次数越少，抵抗持续的时间越短，消耗的做多能量越小的市场特征。先行指标 CCI 抵抗的次数多少很容易判断，但抵抗的时间长短需要和各位投资者详细解释一下。抵抗的时间长短与先行指标 CCI 开始抵抗前股价下跌的幅度有密切的关系，股价下跌的幅度越大，抵抗的时间可能就越长。比如说，股价很短的时间出现了 50% 左右的下跌，无论是股价还是先行指标 CCI 出现十几周到 20 周的抵抗，时间上都不算很长。如果股价只出现不到 20% 的下跌，股价或先行指标 CCI 出现十几周的抵抗，抵抗的时间就比较长，消耗的做多能量就比较多，就不符合战法中讲到的较短的市场特征。

亨迪药业周线的先行指标 CCI 运行方向与同一时间的股价运行方向相反说明中线的做空能量已经很弱。由于股价下跌过程中先行指标 CCI 抵抗消耗的做多能量较少，股价见底后第一拨上涨的动力就会比较强。因此，寻找亨迪药业的买点就成为当时的首要任务。2022 年 9 月 30 日星期五，该股周线对应的先行指标 CCI 和技术指标 MACD 都发出了明确的买入信号，更重要的是上述两个发出买入信号的技术指标都是周线级别的，如果买入信号有效，股价上涨的力度可能更大。也许因为股价还没有开始上涨，也许当时的市场气氛比较悲观，但各位投资者如果以后看到类似的形态，即周线级别股价大幅下跌，先行指标 CCI 只做一次 0 轴下方的抵抗，该指标抵抗后的形态符合战法中的市场特征且同一时间两个技术指标同时发出买入信号，就要坚决买入。2022 年 10 月 14 日星期五亨迪药业周线出现买入信号开始上涨，只用了 10 周的时间，股价从 17 元上涨到 51.67 元，涨幅超过 2 倍。

二、股价、先行指标 CCI 反复抵抗下跌案例分析

再来看一个先行指标 CCI 在下跌过程中持续抵抗的案例（见图 7-2）。

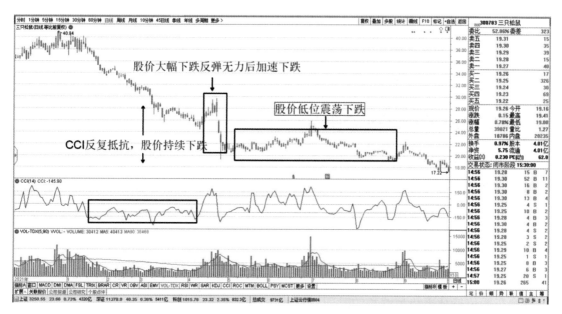

图 7-2　2021 年 12 月三只松鼠（300783）走出反复抵抗形态

2021 年 12 月 27 日三只松鼠（300783）出现了一个重要的高点 40.94 元。高点出现后股价一路下跌，2022 年 4 月 26 日股价下跌到 19.26 元，完成了下跌形态。正常情况下，股价下跌几个月，跌幅超过 50% 虽然不经常出现，但偶尔也会遇到。三只松鼠 K 线图与先行指标 CCI 的运行形态却比较少见，笔者详细剖析。三只松鼠出现重要高点 40.94 元后在高位震荡了 16 个交易日，震荡过程中股价并没有出现大幅下跌，但先行指标 CCI 却从高点 200.14 运行到 -177.63，可以说该指标下跌的速度很快。从这一时刻起，先行指标 CCI 开始运行抵抗形态，三只松鼠股价继续下跌，从 38.18 元直接跌到 19.26 元，整个下跌过程中股价只出现了一次反弹。先行指标 CCI 却始终在 0 轴下方震荡整理，请各位投资者注意，先行指标 CCI 抵抗形态持续的时间大约是股价下跌持续时间的 2/3 以上，先行指标 CCI 如此长的抵抗形态几乎消耗掉所有的做多能量，即使有反弹也会很短暂。果然该股下跌过程中只出现了一次技术性反弹，2022 年 4 月

12 日开始反弹，反弹只持续了 9 个交易日，反弹结束后直接收出一根跌幅 17.94% 的大阴线，把 9 个交易日的反弹幅度全部吃掉，次日继续加速下跌。经过 4 个月的下跌，该股股价跌幅已经超过 50%，理论上应该出现一波比较强的技术性反弹。但该股之后半年多的走势始终在低位震荡，同期上证指数出现了两波上涨和一波下跌，即从 2863 点上涨到 3424 点，又从 3424 点下跌到 2885 点，企稳后很快就上涨到 3200 点上方。上证指数出现这样的走势，股价走出一波力度较大的反弹非常正常，三只松鼠却始终弱势震荡。

三、先行指标 CCI 抵抗形态要点

看完这个案例各位投资者应该能够很清晰地看懂先行指标 CCI 抵抗形态持续的时间越长，之后股价反弹的机会越小；就算有反弹，反弹的力度也是很有限的。如果股价下跌过程中多次出现先行指标 CCI 的抵抗形态，可能每一次的抵抗形态持续的时间并不长，但多次出现的效果和只出现一次但持续时间较长没有太大的区别。因此，实战中只要投资者看到先行指标 CCI 出现抵抗形态，就不要急于买入这类个股。一定要等股价在低位持续蓄势足够长的时间以后才可以考虑适当参与。

笔者总结一下上述案例的要点：先行指标 CCI 下跌过程中出现抵抗的次数越多，持续时间越长，消耗的做多能量越多，股价出现低点后反弹力度会小一些或者很长时间在相对低位震荡。请各位注意，先行指标 CCI 抵抗的位置多数时候会在 0 轴下方，抵抗过程中，股价持续下跌，先行指标 CCI 拒绝下跌。

第八章

根据先行指标 CCI 在 0 轴上方
停留的时间判断大盘的趋势

第一节　先行指标 CCI 连续运行在 0 轴上方时如何确认买点

一、先行指标 CCI 确认买点的条件

日线级别的指数对应的先行指标 CCI 连续在 0 轴上方运行时，如何利用该指标判断买点？战法的要点如下。

（1）指数日线对应的先行指标 CCI 连续 22 个或更多个交易日在 0 轴上方运行。

（2）先行指标 CCI 连续 22 个交易日以上在 0 轴上方运行出现买点时，成交量必须快速萎缩，必须萎缩到 90 日均量（成交金额）的下方，这时买点出现（10 日成交均量改成 90 日成交均量）。

（3）先行指标 CCI 连续 22 个交易日以上在 0 轴上方运行出现买点时，技术指标相对强弱指数 5 日 RSI 对应的参数必须在 20 上方（RSI 参数调整为 5 日）。

（4）先行指标 CCI 连续 22 个交易日在 0 轴上方运行出现买点时，指数调整的时间一般不会超过 9 个交易日，调整即将结束时该指标从上向下直接跌到 –100 以下，中短线买入时机出现。

形态理论经常会谈到 K 线的位置、技术指标的位置，也会谈到股价或指数在某个区间停留的时间长短、技术指标在某个区间停留的时间长短。多数投资者不会太关心上述市场特征，但在实战操作中非常重要。比如说，股价或指数出现较大幅度的下跌后，在相对低位长时间地震荡整理，这个过程是能量聚集的过程。指数或股价下跌，做多能量聚集的速度比做空能量聚集的速度要快很多；反之，做空能量比做多能量聚集的速度快。

技术指标长时间停留在某一个位置多空能量会发生变化。比如，本书中谈到过先行指标 CCI 的下跌抵抗形态运行到末端股价和先行指标 CCI 都会继续向下运行。可能各位投资者会提出：为什么股价大幅下跌后长时间在某一个位置震荡后面上涨的概率大，而先行指标 CCI 同样也是从高点跌下来在低位抵抗，之后会继续下跌？这个问题实际很简单，因为股价只需要小幅下跌，先行指标 CCI 就可能跌到 0 轴下方，股价小幅下跌是不可能充分释放做空能量的。

二、剖析先行指标 CCI 发出买入信号的第一个市场特征

战法中的第一个要点是先行指标 CCI 至少要在 0 轴上方运行 22 个交易日。各位不需要去研究为什么是 22 个交易日以上，只需要知道先行指标 CCI 在 0 轴上方运行 22 个交易日是战法中的前提条件，没有这个前提条件是没办法判断买点的。有了前提条件，我们再来看看第一个要点中的另一个条件——先行指标 CCI 必须是在 0 轴上方连续运行 22 个或更多个交易日。

请各位注意，先行指标 CCI 运行的 22 个或更多个交易日中，不能有一个交易日先行指标 CCI 对应的日线参数低于 0，只要有一个交易日对应的参数低于 0，即使该指标在 0 轴运行更长的时间，也不符合战法中的要点。所以，在使用战法时一定要注意先行指标 CCI 连续在 0 轴上方运行至少 22 个交易日。千万不要简单地看一下市场特征，就武断地认为符合条件。

来看一下上证指数的日线图（见图 8-1），各位投资者看到这张 K 线图会发现从下向上运行到 0 轴上方以后，只要该指标始终在 0 轴上方运行，上证指数就会稳步震荡上涨。请各位投资者注意，上述形态是建立在上证指数运行在主升浪里才能成立的。指数在完成一拨大牛市后开始下跌，A 浪下跌结束后的 B 浪反弹可能持续很长时间，先行指标 CCI 也有可能走出上述形态，但不能认定该指标在 0 轴上方运行指数就不会下跌。

三、剖析先行指标 CCI 发出买入信号的第二个市场特征

再来看看根据先行指标 CCI 在 0 轴上方停留的时间判断大盘的趋势战法的第二个市场特征，前提条件还是先行指标 CCI 连续 22 个交易日以上在 0 轴上方运行，成交量萎缩是第二个重要的市场特征。一般判断买卖点的方法成交量萎缩或放大都是相对的。比如说成交量比之前一段时间的成交量萎缩，或者比过去一段时间的成交量最低的一天还要低。而战法中第二个市场特征是成交量要萎缩到 90 日均量以下（见图 8-2）并没有对成交量具体的金额有明确要求。我们每天看股票的时候都会看看当天的成交量，多数投资者会对比一下成交量是放大了还是缩小了，也可能会看成交量放大或缩小对应的 K 线是阳线还是阴线。这些成交量与 K 线之间的关系是必须看的，

而根据先行指标 CCI 在 0 轴上方停留的时间判断大盘的趋势战法只需要看当时的成交量是否比 90 日成交均量低，只要比 90 日成交均量低，其他三个市场特征也都符合，指数就调整到位，多数个股的买点就出现了。

图 8-1　上涨走势持续在 0 轴上方运行 22 个交易日以上

图 8-2　上证指数日成交量低于 90 日均量线

四、如何使用和修改均量线

一般的行情软件上默认的成交均量都是 5 日均量和 10 日均量，5 日均量就是最近 5 个交易日成交量的平均数，5 日均量对应的趋势线持续在 10 日均量对应的趋势线上方运行，说明大盘的成交量在持续放大；反之，大盘的成交量就在持续萎缩。笔者谈到的 90 日均量就是过去 90 个交易日成交量的平均数。90 日均量不是任何时候都可以使用的，而是在特定条件下才能使用，不要盲目使用，以免出现不必要的损失。请各位投资者把 10 日均量改成 90 日均量。具体的修改方式如下：将鼠标指针放在 10 日均量线上，单击右键后显示"调整指标参数"等四个选项，用鼠标左键单击"调整指标参数"后，将参数 10 改成 90 就可以了。

修改参数后，只要投资者看到先行指标 CCI 在 0 轴上方运行 22 个交易日或更长时间，就要每天看看上证指数的成交均量是否萎缩到 90 日均量以下。很多时候先行指标 CCI 在 0 轴上方连续运行两三个月甚至更长时间，这么长的时间对投资者来说是一种煎熬。但投资者只要使用根据先行指标 CCI 在 0 轴上方停留的时间判断大盘的趋势的战法就要等到日成交量萎缩到 90 日均量以下。大盘的日成交量萎缩后符合第二个市场特征以后，就要看之后的两个市场特征是否也符合条件，只要符合就是最佳买点。

五、剖析先行指标 CCI 发出买入信号的第三个市场特征

第三个市场特征是先行指标 CCI 满足前两个市场特征后，要看技术指标相对强弱指数（RSI）的运行形态。所有的行情软件默认的相对强弱指数（RSI）的参数有三个，分别是 6、12、24，相对强弱指数（RSI）每一个对应的参数都有不同的用处。6 日相对强弱指数（RSI）单独使用时主要是判断大盘和个股的短线走势，6 日相对强弱指数（RSI）与 24 日相对强弱指数（RSI）配合使用既能判断大盘或个股的中长期趋势，又能判断大盘或个股形态的强弱。12 日相对强弱指数（RSI）实战中使用得比较少，12 周相对强弱指数（RSI）在实战中使用的效果会更好。

把第三个市场特征中相对强弱指数（RSI）对应的参数 6 修改为 5，这样在实战中的效果会更好。是不是要经常修改电脑默认的技术指标的参数？形态理论中的所有战

法只有很少的战法需要修改参数，即将10日均量修改为90日均量，将6日相对强弱指数（RSI）修改为5日相对强弱指数（RSI）。当前两个市场特征都满足后，就要观察5日RSI的参数是否在20以上运行（见图8-3），不满足这个条件就不能使用上述战法；如果使用很可能短线甚至中线被套。

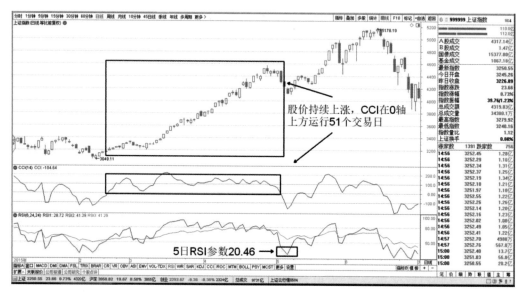

图8-3 上涨走势回调5日相对强弱指数（RSI）在20以上触底反弹

六、5日相对强弱指数 RSI 使用方法

下面解释一下为什么5日相对强弱指数（RSI）必须在20以上运行。相对强弱指数（RSI）是在0到100之间运行，RSI参数运行到80以上属于超买区，说明当时的多方能量很强；RSI参数运行到20以下，属于超卖区，说明当时的空方能量很强。RSI参数在20到50之间运行属于弱势区间，RSI参数在50到80区间运行属于强势区间。如果5日相对强弱指数（RSI）运行到20以下，大盘的做空能量很强，指数也就很难走出强势调整形态，先行指标CCI在0轴上方运行22个交易日也就没什么意义了。请各位投资者注意，5日相对强弱指数（RSI）有时候可能短暂地跌到18到20之间，只要指数马上走强，也可以认定符合条件。但这种5日相对强弱指数（RSI）短暂跌到20以下的情况非常少见。

七、剖析先行指标 CCI 发出买入信号的第四个市场特征

再来看看第四个市场特征。先行指标 CCI 连续 22 个交易日在 0 轴上方运行出现买点时，指数调整的时间一般不会超过 9 个交易日。调整即将结束时该指标从上向下直接跌到 -100 以下，中短线买入时机出现（见图 8-4）。

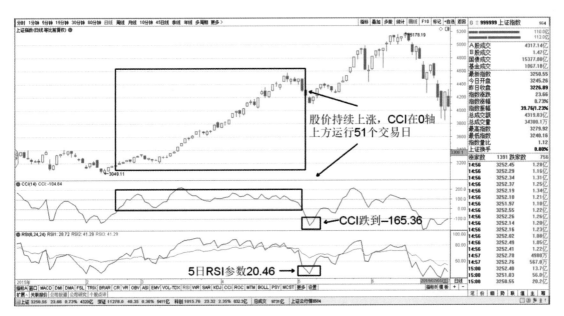

图 8-4　上涨走势调整了 7 个交易日

下面解释一下调整的时间为什么不宜过长。先行指标 CCI 使用方法是指数运行在级别较大的上升形态中的，指数持续上涨一定会积累一定的做空能量，这股做空能量多数时候不会集中释放，如果集中释放大盘就会出现级别较大的调整甚至直接运行到熊市。多数时候指数在大级别上涨形态或牛市上升形态中，经常会出现短暂的调整后股价再创新高，这种走势属于强势调整，主要目的是充分地消化上升过程中积累的做空能量。如果强势调整的时间较长，无论调整的形态是震荡整理还是逐浪下跌都会让持股不坚决的投资者逐渐加入做空的队伍，市场人气会在这个阶段下降。

大盘震荡整理过程中反复冲高或逐浪下跌过程中会有技术性反弹，如果不能再次提振市场人气，投资者的悲观情绪就会增加，就会有更多的投资者开始卖出股票。一次冲高遇阻，二次反弹遇阻，即使多方主力希望把指数拉升到更高，主力这时候也不

敢我行我素地利用资金优势推高指数。笔者描述的市场特征是需要足够长的时间，比如数周或几个月。也可以说，大盘大级别调整是指数反复上攻无果后做空能量才开始释放，指数才开始真正下跌的。第四个市场特征要求调整的时间不能超过9个交易日就是这个道理，超过9个交易日大盘可能已经做了再次冲高遇阻的动作，就有可能走出级别较大的调整。

第四个市场特征还谈到了大盘调整即将结束时该先行指标CCI从上向下直接跌到-100以下。先行指标CCI在0轴上方特别是在0轴上方的非常态区间内长时间运行后直接向下运行到-100以下的非常态区间，这个过程能够很好地短线释放做空能量，同时也可以迅速聚集做多能量。先行指标CCI有这样一个动作，才能推动指数很快创出新高。

给各位投资者举一个例子，拳击比赛的两名拳击运动员纠缠在一起，无论哪一方进攻也使不上力气，击打另一方后背或其他地方基本上都是无效进攻。拳击运动员纠缠的过程与先行指标CCI在0轴上方持续运行类似。这时候两名拳击运动员都不敢轻易摆脱纠缠，敢于主动摆脱的一方一般都是有一定优势的一方，摆脱的目的是继续进攻。当有优势的拳击运动员主动摆脱纠缠后会将拳头收回延后快速打出，这里收回拳头的动作就等同于先行指标CCI从0轴上方向下运行到0轴下方的非常态区间。拳击运动员收回拳头后快速打出，就相当于指数上攻继续创出新高。

因此，当先行指标CCI在非常态区间运行时间超过22个交易日后，指数调整时该指标快速下探到-100以下时就是非常好的买入时机。指数强势调整时，调整低点停留的时间一般都很短。因此，调整中只要看到4个市场特征，就要果断出击。

根据先行指标CCI在0轴上方停留的时间判断大盘走势的战法属于指数上升形态中的强势调整形态，这种形态有以下几个特点：第一是指数调整之前持续上涨，市场气氛非常好，投资者做多意愿非常强。第二是指数调整的时间一般都很短，调整的幅度大小基本不会影响大盘的强势调整形态。强势调整形态有时候因为基本面的变化也会出现短暂的做空共振，大盘出现做空共振，调整的幅度就会大一些，但强势调整出现的做空共振最多持续几个交易日，指数很快就会在买盘的推动下继续创出新高。第三是调整时成交量会萎缩。成交量萎缩的原因是投资者不相信会真的调整，指数调整投资者不愿意在调整中卖出股票，都期待指数再次涨起来再卖出股票。

八、根据先行指标 CCI 在 0 轴上方停留的时间判断大盘走势案例分析

再来看一个符合市场特征的案例（见图 8-5）。2014 年 7 月 22 日上证指数日线对应的先行指标 CCI 重新回到 0 轴上方，并在 0 轴上方连续运行了 25 个交易日。当投资者看到先行指标 CCI 出现上述形态就要密切关注战法中讲到的其他市场特征是否会出现，这时候只需要注意先行指标 CCI 是否会从 0 轴上方直接跌到 -100 以下的非常态区间。

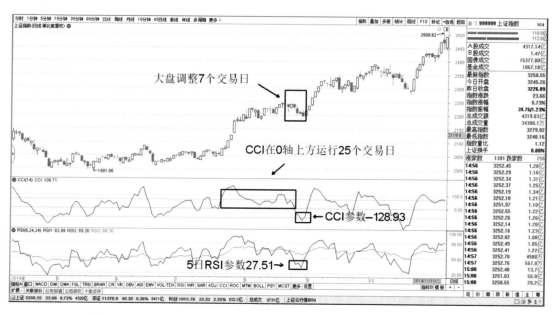

图 8-5 上涨走势日线先行指标 CCI 从 0 轴上方直接跌到 -100 以下

2014 年 8 月 28 日先行指标 CCI 只做了短暂的抵抗就直接跌到 -128.93。看到这个市场特征，投资者要看指数调整的时间，理论上指数从高点开始计算调整的时间不能超过 9 个交易日。当时的上证指数只用了 7 个交易日就完成了调整，完全符合战法中讲的市场特征。既然前面的市场特征都符合条件，就要用成交量萎缩到 90 日均量以下和 5 日 RSI 最低点在 20 以上确认强势调整形态是否成立。上证指数日线对应的先行指标 CCI 跌到 -100 以下当日，5 日 RSI 运行到最低点 27.51，成交量也萎缩到 90 日均量以下。笔者再次强调，5 日 RSI 如果跌破 20，说明大盘调整可能不是强势调整形态。

如果成交量远远大于 90 日均量说明当时的做空能量很强，也可能大盘的调整不是强势调整形态。个别时候，先行指标 CCI 提示的大盘强势调整形态的成交量可能与 90 日均量差不多，没能够萎缩到 90 日均量以下，风险偏好者可以按强势调整形态操作，风险厌恶者可以观望等到形态清晰后再做是否参与的决定。

各位投资者如果使用先行指标 CCI 战法操作，2014 年 8 月 28 日收盘前就是最佳买点，当天上证指数收盘点位 2195 点，5 个月以后，上证指数上攻到 3400 点，涨幅超过 50%。

再来看另一个符合市场特征的案例（见图 8-6）。2009 年 3 月 17 日先行指标 CCI 从 0 轴下方重新站到 0 轴上方，并在 0 轴上方连续运行了 26 个交易日。

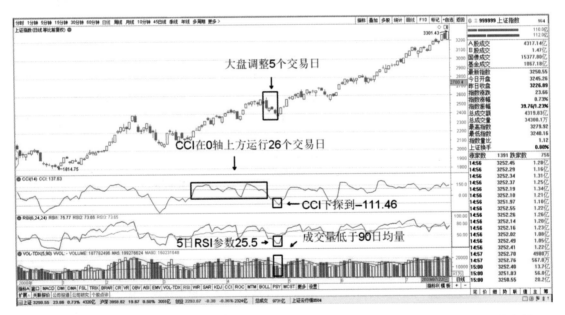

图 8-6 上证指数日线形态满足根据先行指标 CCI 在 0 轴上方停留的时间判断大盘的条件

2009 年 4 月 9 日先行指标 CCI 收盘对应的参数为 -0.02，正常情况下是不能满足战法中谈到的市场特征的。但考虑到先行指标 CCI 多数时候运行在 300 与 -300 之间及次日该指标就运行到常态区间和非常态区间临界值 100 附近等因素，先行指标 CCI 参数 -0.02 实际上是可以忽略不计的。先行指标 CCI 满足了连续在 0 轴上方运行 22 个交易日后，该指标直接下跌到 -100 以下时，上证指数调整了 5 个交易日，5 日 RSI 对应的参数运行到 25.50，没有跌破 20 的关键位置，成交量也都完全符合战法中谈到的市场特征，投资者这时候需要做的就是坚决进场做多。2009 年 4 月 28 日上海市场的成交量明显低于 90 日均量，如果当天进场做多，三个月以后，上证指数上涨幅度超过 1000 点。假设做多股指期货，盈利就更可观了。

总结一下，大盘持续上涨，追涨怕大盘调整，不追涨又担心踏空的时候，可以选择两种操作策略。第一种就是耐心等待 4 个市场特征出现坚决买入。第二种是直接追涨买入，不要犹豫，等指数出现日线级别的卖出信号时及时离场等待新的市场机会出现。

第二节　根据先行指标 CCI 在 0 轴下方停留时间判断趋势

一、先行指标 CCI 在 0 轴下方停留的时间传递指数强弱

30 年前笔者刚入股市的时候，就听到过很多股市谚语，比如说五穷六绝七翻身，比如说横有多长、立有多高等。五穷六绝七翻身中的五、六、七指的是 5 月、6 月、7 月，穷、绝、翻身指的是指数跌到最后的阶段后开始上涨，把这几个字放在一起就是指股市持续下跌后，到了 5 月份股市下跌已经到了末端，6 月份股市下跌已经让投资者绝望，7 月份股市开始上涨。横有多长、立有多高是指指数在低位横盘的时间越长，之后指数上涨的幅度越大。横有多长、立有多高在特定条件下是有效的，确实可能出现横盘越久涨幅越大。这里的特定条件指的是指数或股价大幅下跌，下跌的时间持续很长，下跌过程中出现多次的抵抗，横盘的时候无论出现利多还是利空都对指数或股价影响不大。上述条件满足，大盘或个股横盘之后出现持续大涨的概率非常大。实际上用形态理论中的一句话就可以概括，那就是要看大盘或个股的位置和持续的时间，而先行指标 CCI 战法的要点就是时间和位置。

来看一下根据先行指标 CCI 在 0 轴下方停留时间判断趋势的战法的要点。先行指标 CCI 从上向下跌破 0 轴并在 0 轴下方持续运行时间超过 13 个交易日，大盘的做多能量快速减弱、做空能量持续增加，大盘将从之前的较强的持续上涨形态转化为弱势持续震荡或下跌形态。

先行指标 CCI 的 0 轴是该指标的强弱分界线，该指标对应的参数持续在 0 轴上方

运行，说明大盘的形态很强，一直运行在上升形态。先行指标 CCI 反复在 0 轴上下运行，说明多空双方正在激烈地交战，大盘的趋势可能会发生变化，多数时候会改变原来的运行形态。如果先行指标 CCI 持续在 0 轴下方运行，说明大盘可能已经走弱，很可能会出现持续下跌的形态。特别是先行指标 CCI 持续在 0 轴下方运行，其做空能量会快速增加，甚至可能出现短暂的做空能量共振。

战法中的要点谈到了先行指标 CCI 在 0 轴下方持续运行超过 13 个交易日，大盘就可能从强势形态转化为弱势形态。大家都知道，大盘上涨、下跌都会遵循自身的客观规律，这种规律可能因为一些重大的利多或利空短暂改变，但很快指数就会重新回到原有的运行形态。

很多投资者经历过 2007 年的"5.30"大跌，大盘大跌的起因是印花税税率上调。2007 年 5 月 29 日，财政部调整证券（股票）交易印花税税率，由 1‰ 调整为 3‰。受财政部调高证券交易印花税税率等利空消息影响，沪深两市双双遭受重挫，当日上证指数暴跌 281.84 点，报收 4053.09 点，深圳成指跌 829.45 点，跌幅均超过 6%，两市成交金额共计 4166.80 亿元，再破历史纪录。沪深两地交易所的数据显示，截至 2007 年 5 月 30 日收市，沪深两市总市值由周二的 190235 亿元下降至 177803 亿元，降幅为 1.2432 万亿元，分别有 73 只和 25 只交易品种出现不同程度上涨。不计算 ST 股票和未股改股，两市有 859 只个股跌停。受到印花税税率大幅调高的影响，上证指数只用了 5 个交易日就从 4335 点跌到了 3405 点。如此大幅的下跌，大盘想在短时间内收复失地几乎不可能。但上证指数当时并没有完成客观规律提示的运行形态，大盘短期的下跌是因为突发利空，这种利空只能短暂影响指数的运行形态。大盘下探到 3405 点之后开始反弹，12 个交易日后就收复了近千点的下跌，之后上证指数构筑了标准的双底形态，三个月后上证指数从约 3500 点上涨到 6124 点。

我们再来谈谈 13 个交易日的重要性。各位投资者都应该知道大盘或个股经常在时间窗口出现短线甚至中线的趋势性改变，这就是笔者所谈到的客观规律。而 13 日刚好是时间窗口中比较重要的、可能出现趋势性改变的时间周期。笔者所谈到的时间窗口是指斐波那契数列，这组数字是 0、1、1、2、3、5、8、13、21、34、55、89、144、

233、377，以此类推。很多时候，大盘如果在高位持续 8 个交易日到 13 个交易日不能向上突破，短线调整甚至走弱的可能性就比较大。同理，大盘在下跌过程中的抵抗形态，如果持续 8 个交易日到 13 个交易日不能再次走强，大盘继续下跌的可能性就比较大。先行指标 CCI 如果从上向下跌到 0 轴下方，不能在 13 个交易日内重新站到 0 轴上方，其形态就会转弱，其后可能会持续走弱一段时间；该指标走弱，大盘也会走弱。很多时候，多空处于平衡状态，先行指标 CCI 在 0 轴上下反复运行，说明多空能量势均力敌。

二、先行指标 CCI 跌破 0 轴持续时间决定强弱的案例分析

来看上证指数 2015 年 6 月先行指标 CCI 跌破 0 轴的案例（见图 8-7）。2013 年 6 月 25 日上证指数见底 1849 点后开始上涨，多方用了近一年的时间完成了底部形态的构筑。2014 年 7 月上证指数开始放量上涨，经过约一年的上涨，上证指数运行到历史第三个重要高点 5178 点。次日，上证指数收出一根 2% 的阴线，第三个交易日上证指数跳空低开大跌 3.47%，先行指标 CCI 直接跌破 0 轴，当日收盘该指标下探到 -11.72。大盘持续上涨，上涨过程中出现一两个交易日较大幅度调整是正常的，但极少出现一两个交易日的调整，先行指标 CCI 直接跌破 0 轴。

图 8-7 上涨走势日线 CCI 在 0 轴下方运行 22 个交易日

比如说，2015年5月28日，上证指数单日下跌6.5%，先行指标CCI也没有直接跌破0轴。所以，上证指数上攻到5178点后两个交易日的下跌，先行指标CCI直接跌破0轴是不正常的。果然，上证指数一路下跌，先行指标CCI在0轴下方持续运行了22个交易日。实际上，先行指标CCI在0轴下方运行13个交易日以后，我们就应该认识到上证指数已经走弱，不能够再抱任何幻想，更不能够期待指数会再创新高。上证指数持续下跌后出现反弹的时候，很多不太理性的投资者再次进场做多，这就是指数出现反弹的主要动力。就会知道先行指标CCI在0轴下方运行13个交易日以上，说明上证指数已经走弱，虽然大盘已经出现了较大的跌幅，但只要大盘反弹就是最好的，也是最后的全线撤退的机会。当然在做出全线撤退的决定之前，还是要看看其他的市场特征是否符合条件，如果符合就要坚决清仓。

再来看看先行指标CCI跌破0轴持续时间决定强弱战法中的第二个市场特征是不是符合条件（见图8-8）。先行指标CCI从上向下跌破0轴并在0轴下方持续运行时间超过13个交易日，先行指标CCI跌破0轴前的成交量如果大于跌破0轴后的成交量就基本可以确认中线下跌开始。

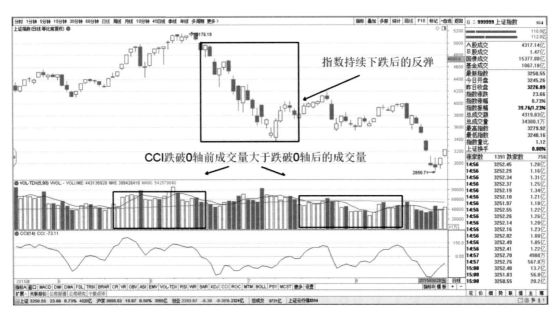

图8-8 上涨走势日线CCI跌破0轴前成交量大于跌破0轴后成交量

成交量是判断大盘和个股运行形态最重要的工具。成交量是不可能作假的，是需要真金白银买卖才能有的数据。虽然有些个股的主力利用对敲等方式使成交量在某个特定的时间段大幅放大，但这种情况几乎不会对大盘的成交量造成影响。很多技术指标的形态是可以人为干预的，特别是某些注重收盘价的技术指标更容易被人为控制。

举个最简单的例子，某只个股收盘前的集合竞价将股价拉高几个百分点，这样的走势对于一些大资金来说很容易做到，可能一两百万元就能在收盘前最后一刻的集合竞价中将股价拉高。股价被拉高，日线上的一些技术指标就会有明显变化，甚至可能出现形态由弱转强。但这种由弱转强并不是真实的，如果只看当天的形态就会出现错误的判断。因此，使用成交量判断大盘和个股的走势，准确率会更高一些。

我们在使用成交量判断大盘或个股走势时，一定要注意以下两点。

第一是成交量放大的区域。举个例子，如果大盘在高位震荡，成交量持续在高位放大，说明筹码已经做了充分的交换，前期低位买入的大部分投资者已经完成了获利了结。对于新进场的多方资金来说，如果股价不能马上向上运行，错过最后的可能上攻的时机，大盘下跌，新进场的资金很容易被套，可能会出现多杀多的走势（多杀多是指之前坚决做多的资金开始卖出股票，由之前的多方直接加入到做空的队伍中，做多的资金都没有信心，做空的资金当然会更坚决地做空，大盘就会出现快速或持续下跌）。因此，指数大幅上涨以后，如果在较高的区域成交量比较大，多方上攻遇阻下跌后，成交较多的区域就是压力区域，之后很难一次有效突破。

第二是成交量放大时大盘的形态。举个例子，大盘在上升形态中，成交量持续放大，说明做多能量很强，大盘会继续上涨。同样在上升形态中，成交量放大的幅度明显小于上一拨上涨时的成交量，说明大盘的做多能量开始减弱，大盘是在惯性的作用下完成最后的上升形态。大盘如果运行在下跌形态中，大盘反弹时的成交量比下跌时的成交量大，说明当时的做多能量还很强，指数反弹是比较好的逃顶机会；同样，指数运行在下跌形态中，指数反弹成交量无明显变化甚至是萎缩的，说明大盘做多能量很弱，之后的下跌持续的时间可能很长，下跌的幅度可能很大。

笔者简单描述了上升形态和下降形态中成交量的变化，因为成交量的不同变化，最终的走势也就不一样。根据先行指标 CCI 在 0 轴下方停留时间判断趋势战法中把成交量分为三个区域：第一区域是指数下跌，先行指标 CCI 跌到 0 轴下方的成交量较大。

第二区域是先行指标在 0 轴下方运行时的成交量相对萎缩。第三区域是先行指标 CCI 在 0 轴下方运行超过 13 个交易日，指数低位震荡或反弹时成交量较小。最关键的是确认大盘中期走弱的关键点是第一区域的成交量要明显大于第三区域的成交量。

我们来看上证指数日线图中先行指标 CCI 跌破 0 轴前后成交量的变化。2015 年 6 月 16 日先行指标 CCI 跌破 0 轴，从图表看，该指标跌破 0 轴之前的第一区域内上海市场日成交量最大的一天大约 1.3 万亿元，而跌破 0 轴后的第三区域内上海市场的日成交量最大的一天只有 0.84 万亿元，无论是单日的成交量对比还是区域内的成交量对比，第一区域的成交量都远远小于第三区域的成交量。可以说，先行指标 CCI 跌破 0 轴前后两个区域的成交量完全符合战法要求，大盘反弹后走出中期下跌的走势实际上已经不可避免。

我们再来看看战法中的第三个市场特征。内容如下：先行指标 CCI 从上向下跌破 0 轴并在 0 轴下方持续运行时间超过 13 个交易日，相对强弱指数 RSI 呈现卖出背离形态，有些时候可能出现卖出顶背离形态。这个市场特征是出现在第一个和第二个市场特征之前的，如果各位能够熟练使用相对强弱指数（RSI）就能够更早地判断出上证指数即将出现力度较大的下跌。

相对强弱指数（RSI）是判断大盘和个股比较实用的工具，该指标和先行指标 CCI 配合使用效果会更好，准确率非常高。下面简单地描述一下相对强弱指数（RSI）与先行指标 CCI 配合时的使用方法。相对强弱指数（RSI）是由 6 日、12 日和 24 日三条趋势线组成的，一般情况下判断大盘或个股短线买卖点时如果只使用一条趋势线就会使用 6 日 RSI，判断大盘或个股中长期走势如果也只使用一条趋势线就会使用 24 日 RSI。多数时候使用相对强弱指数（RSI）时是三条趋势线配合使用。

相对强弱指数（RSI）和先行指标 CCI 配合使用最常见的方法是两个指标在相同区域出现基本相同形态的买入背离或卖出背离。两个指标同时出现买入背离或卖出背离称为双重买入背离或双重卖出背离。大盘或个股在低位出现双重买入背离后走出一拨上涨形态的可能性非常大，如果是在周线或月线上出现上述形态，大盘或个股可能走出一拨大级别上涨行情，甚至走出一轮牛市行情。该指标在高位出现双重卖出背离，其后的走势当然是大幅下跌。实战中我们也经常能够看到相对强弱指数（RSI）运行到超买区域边缘，形态上看确实有可能运行到超买区域，但这时候的先行指标CCI的形态可能是做多能量已经不是很强劲，传递的是大盘上升的空间不大。如果单独使用任何一个指标我们都没办法判断大盘之后的上升走势还能够维持多久，但如果两个指标配合使用并出现上述市场特征，就可以认定大盘随时会开始调整，且调整的力度会比较大。类似的先行指标CCI和相对强弱指数（RSI）配合使用的方法很多，这里就不一一介绍了。

我们再来看看上证指数日线图中先行指标CCI跌破0轴前相对强弱指数RSI的形态（见图8-9）。

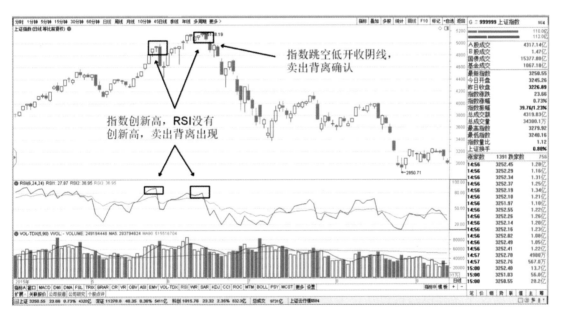

图8-9 上涨走势日线相对强弱指数（RSI）出现卖出背离形态

2015年5月27日上证指数创出收盘新高4941点，对应的相对强弱指数（RSI）的6日参数为88.76，2015年6月12日上证指数再次创出收盘新高5166点，对应的相对强弱指数（RSI）的6日参数为79.74。次日上证指数开始下跌，第三日上证指数跳空低开，这时候就可以认定相对强弱指数（RSI）已经走出卖出背离形态，大盘出现下跌已经不可避免。下面解释一下认定相对强弱指数（RSI）卖出背离形态成立的几个重要条件。

第一个是指数或股价创出新高，相对强弱指数（RSI）没有同步创出新高。出现这样的市场特征传递了大盘或个股的做多能量已经很弱，很难支撑指数继续上涨。虽然有时候指数还能上涨一段时间，但指数上涨是靠惯性完成的。

第二个是指数或股价走出日线级别的卖出背离的两个高点之间至少要6个交易日。最少6个交易日是确认买入或卖出背离最重要的条件。如果出现卖出背离的两个高点之间只有两三个交易日，很可能出现的卖出背离的两个高点是在一个形态中；简单点说实际上是一个小形态的高点，这样就不能认定为卖出背离形态。另外，卖出背离的两个高点之间的时间也不能太长，实战中如果是大级别的卖出背离形态，两个高点之间的时间可以在20个交易日左右，如果持续的时间太长即使之后大盘或个股跌了，也不能认定为卖出背离。

第三个是指数创新高，相对强弱指数（RSI）没有同步创出新高后出现标志性阴线，特别是出现跳空低开且不回补缺口的阴线。指数或股价创新高，相对强弱指数（RSI）没有同步创新高只能算是卖出背离的雏形，因为第二个交易日大盘或个股可能继续上涨。确认卖出背离成立需要看到指数或个股短线趋势开始出现变化，出现标志性阴线或者不回补缺口的阴线才可以认定短线趋势已经改变。

上述三个市场特征先后出现后就可以基本认定卖出背离已经成立，投资者这时候要做的就是在几个交易日内卖出所有符合条件的个股。

各位投资者再来仔细看看上证指数创出新高后先行指标CCI跌破0轴前相对强弱指数（RSI）的形态。刚刚我们已经谈到6日相对强弱指数（RSI）已经出现卖出背离形态，根据这个条件已经可以认定大盘之后会出现下跌。各位投资者再看看24日相对强弱指数（RSI）是否也出现了背离形态。2015年5月27日上证指数创出收盘新高4941点，对应的相对强弱指数（RSI）的24日参数为73.58，2015年6月12日上证指数再次创出收盘新高5166点，对应的相对强弱指数（RSI）的6日参数为70.47。在同一天，相对强弱指数6日RSI和24日RSI都出现了卖出背离，对于投资者来说就应该高度重视。因为，24日相对强弱指数（RSI）是很少出现卖出背离的，只要出现大盘很可能不会太久就会走出中期下跌的形态。

先行指标CCI从上向下跌破0轴后在0轴下方持续运行13个交易日以上这一主要市场特征出现以后，上证指数完成了第一拨的下跌和技术性反弹，从反弹的高点

4184 点计算，上证指数只用了 24 个交易日就下跌到了 2850 点，跌幅达到 31.8%。经过几个月的反弹后上证指数再次创出新低 2638 点。从可以认定上证指数将开始中期下跌，到重要的低点出现，沪深两市一定比例个股的跌幅在 50% 左右，对于投资者来说如果能够躲避这次中期下跌，在相对低位能够成功抄底，真的可以实现收益最大化。

笔者介绍的使用先行指标 CCI 的战法最大的用处是能够告诉投资者大盘已经运行到大级别的下跌形态或熊市中。上述形态只要出现，千万不要盲目进场做多。历史经验告诉我们，大级别下跌形态中虽然有一些短线机会，但真正能够在这些短线机会中赚到钱的投资者并不是很多。相反，很可能为了一些短线利益最终被中长线套牢。

我们再来看一个符合根据先行指标 CCI 在 0 轴下方停留时间判断趋势战法的案例（见图 8-10）。

图 8-10 上涨走势日线 CCI 在 0 轴下方持续运行 16 个交易日

2010 年 11 月 11 日上证指数上攻到 3186 点后遇阻，次日收出一根大跌 5.16% 的大阴线。上证指数大阴线出现以后，基本上就可以认定大盘可能会中期走弱。当日收盘先行指标 CCI 直接下跌到 -39.83，从这一交易日开始，先行指标 CCI 连续 16 个交易日运行在 0 轴下方，符合战法中的第一个条件，即先行指标 CCI 从上向下直接跌破 0 轴并在 0 轴下方持续运行 13 个交易日以上。对于投资者来说，当第一个市场特征出现以后，大盘短时间能继续持续上涨的可能性已经很小，创出近期新高的可能性几乎没有。如果之后的两个市场特征出现，从操作的角度来说，理论上可以参与短线下跌后的反弹，但必须要提前设置止损位，有效跌破就要认赔离场。从持仓的角度来说，逢高陆续卖出所有股票是最重要的策略，即使一些个股不能卖到相对较高的位置，不会太久也会出现明显低于卖出价格的低点。

再来看看第二个市场特征是否符合条件（见图8-11）。2010年11月12日上证指数标志性阴线出现以后，大盘开始走弱。上证指数日线先行指标CCI跌破0轴前的成交量可以用非常大来形容，日均成交量在2.2亿股左右，上证指数日线先行指标CCI跌破0轴后的日均成交量只有1.5亿股左右，上证指数当时的成交量完全符合第二个市场特征，大盘走出中期下跌的概率就更大了。

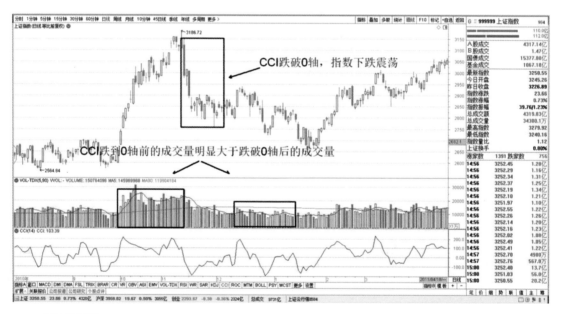

图8-11　上证指数日线先行指标CCI跌破0轴前的成交量大于跌破0轴后的成交量

再来看看第三个市场特征是否符合根据先行指标CCI在0轴下方停留时间判断趋势战法（见图8-12）。

2010年10月15日上证指数收盘在2971.16点创出短线新高，日线上对应的6日相对强弱指数（RSI）的参数为93.68，创出本轮上涨的新高。16个交易日之后的2010年11月8日上证指数收盘再次创出新高，当日收盘报收于3159.51点，当6日相对强弱指数（RSI）对应的参数为81.97，没能同步创出本轮上涨的新高，相对强弱指数（RSI）卖出背离雏形出现。2010年11月9日、10日、11日上证指数都没能继续创出收盘新高，相对强弱指数已经掉头向下，2010年11月12日大盘大跌，标志性阴线出现，大盘中期下跌趋势成立。

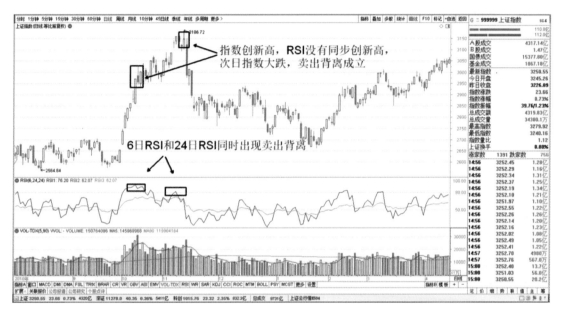

图 8-12　上证指数日线的相对强弱指数（RSI）走出卖出背离形态

6日相对强弱指数（RSI）出现卖出背离，投资者需要再看看24日相对强弱指数（RSI）是不是也出现卖出背离形态。2010年10月20日上证指数收盘3003.95点，24日相对强弱指数（RSI）对应的参数为73.31，24日RSI出现高点的时间比6日RSI出现高点的时间晚了两个交易日。2010年11月8日上证指数收盘再次创出新高，24日相对强弱指数RSI对应的参数为72.78，与6日RSI同步出现高点，次日，24日RSI确认卖出背离。既然6日和24日RSI都出现了卖出背离形态，大盘中期下跌就可以确认。请各位投资者一定要注意，由于大盘确认中期下跌形态时指数已经出现了一定的跌幅，其后出现技术性反弹是正常走势，各位投资者不要看到中期下跌趋势形成后就急于清仓，可以考虑等待大盘出现技术性反弹的时候再全线撤退，这样可以将手中的股票卖到更高的位置。投资者在等待大盘出现技术性反弹时要看懂大盘下跌后的反弹形态和当时的基本面，大盘的反弹形态不同，反弹的力度也就不同。如果当时的基本面对多方比较有利，大盘反弹的力度就会大一些，持续的时间就会长一些。

我们再来看看上证指数确认中期下跌后的走势。上证指数下跌确认形态后出现反弹，按反弹的中间指数 2950 点计算，大约 7 个月之后上证指数下跌到 2132 点，跌幅为 27.7%。两年半以后的 2013 年 6 月，上证指数下跌到 1849 点，累计跌幅达到 37.3%。值得注意的是，上证指数中期下跌过程中只出现两次级别略大一点的技术性反弹，且反弹的高点只做短暂停留就开始新一轮的下跌。

战法中的市场特征非常好判断，投资者在回顾中期下跌形态时也能够比较清晰地判断其形态的有效性。但投资者在实际操作中可能会因为整个形态构筑的时间过长或下跌确认形态时出现的反弹力度过大而怀疑当时大盘正在构筑中期下跌形态，错过一次难得的逃顶机会。很多投资者都会有这样的感受：买卖股票时如果顺利，可能连续几次操作都能够盈利；相反，可能就会赔钱。投资者错过中期下跌形态最后的逃顶机会，如果被套可能会很长时间只能被动等待解套，也就会错过下跌结束后的抄底机会。

第三节　根据先行指标 CCI 在高位停留的时间判断指数能否创新低

一、形态理论要点

使用形态理论判断大盘、判断个股需要看当时大盘或个股的位置，运行的形态，在某一个区间运行的时间等。大盘和个股的位置和形态相对来说比较好理解，运行的时间传递的信息对很多投资者来说不太好理解。笔者把大盘或个股在不同位置运行的时间长短、传递的信息给各位投资者简单描述一下。

股价有高低，时间分长短，大盘或个股的形态看上去很相似，运行的时间也差不多，但最终股价的运行方向可能完全相反，出现上述市场特征的一个重要因素就是大盘和股价的位置不同。第一种情况，大盘或个股经过一拨持续时间较长的上升形态后在相对高位震荡整理，震荡整理持续的时间也比较长，比如说在高位持续了两三个月甚至更长时间。上述形态传递的信息就是大盘或个股在高位震荡时筹码充分交换，所有投资者的持仓成本上移。其后只要股价有效跌破震荡区间，下跌趋势就可以认定成立，高位震荡的时间越长，筹码交换得越充分，大盘或个股下跌的幅度越大。第二种情况是大盘或股价持续上涨后在相对高位短暂停留，一般停留的时间可能只有一两个交易日，对于持股的投资者来说可能还没有做出获利了结的决定，大盘或个股就开始下跌了。如果指数或个股之前的上升形态涨幅不是很大，一般不会多久大盘或股价就会再次涨起来甚至创新高；相反，如果指数或个股大幅下跌后在低位长时间地震荡，即使有利多大盘或个股也只会短暂冲高，延后还是在相对低位震荡，这样的市场特征传递的是大盘正在构筑大级别的底部形态，甚至可能是新一轮牛市的开始。

二、先行指标 CCI 在 100 以上停留时间小于 9 个交易日下行是卖出信号

先行指标 CCI 在相对高位或相对低位停留的时间也能够传递当时大盘的强弱，需要提示各位的是该指标能够在指数还没有走出上升形态或下跌形态前发出明确的信号。各位投资者请注意，先行指标 CCI 在 0 轴上方的非常态区间或极端区间，即 100 的上方连续停留的时间小于等于 9 个交易日，该指标就从上向下直接跌到 0 轴下方的非常态区间或极端区间，即直接跌到 -100 以下是中线卖出信号，即使短线指数出现反弹，其后不久指数也会再度下跌并创新低。

下面解释一下战法的要点。先行指标 CCI 对应的参数在 100 以上停留的时间小于9 个交易日，不是从先行指标 CCI 出现高点开始计算，是从该指标从 0 轴下方震荡上行运行到 100 以上当日开始计算，只要先行指标 CCI 在 100 以上的非常态区间或极端区间持续运行的时间小于等于 9 个交易日就再次跌到 0 轴下方的非常态区间或极端区间，就基本符合战法的前提条件。请各位投资者注意，先行指标 CCI 从 0 轴上方的非常态区间或极端区间跌到 0 轴下方的非常态区间或极端区间不能出现反弹，原则上先行指标 CCI 对应的参数应该是一天比一天低，个别时候该指标走平，可能出现今天先行指标 CCI 对应的参数比昨天高一点点，绝对不能出现明显高于上一交易日的情况。

先行指标 CCI 直接从 100 上方跌到 -100 下方没有出现反弹说明当时的大盘的做空能量很强，做空能量很难通过指数一拨下跌就充分地释放，这也是大盘之后会继续创新低的关键。笔者在战法要点中还谈到先行指标 CCI 跌到 -100 以下指数可能会反弹，有时候反弹的力度会很大。这是因为该指标从高位跌下来时，指数也出现了一定幅度

的下跌，短线出现技术性反弹是正常的走势。因此，投资者在实战中遇到上述形态时，特别是先行指标CCI已经从100以上跌到-100以下时不用太着急卖出股票，因为多数时候指数或股价都会出现一拨技术性反弹，那时候才是中线离场的最佳机会。对于很多投资者来说，股价反弹一小段时间后，一部分投资者就会忘记战法要点，就会受股价短暂反弹的气氛影响，忘了大盘很快就会再创新低。笔者再次强调，根据先行指标CCI在高位停留的时间判断指数能否创新低的战法市场特征出现以后，指数反弹得越高，股价反弹得越强，投资者就应该越坚决地中线卖出股票。

我们来看一个符合根据先行指标CCI在高位停留的时间判断指数能否创新低的战法的案例（见图8-13）。

图 8-13 上证指数日线对应的先行指标 CCI 从 100 以上直接跌到 -100 以下

2022年4月25日上证指数日线对应的先行指标CCI对应的参数下跌到248.28，4月27日上证指数出现重要低点2885点后开始反弹，先行指标CCI也慢慢地向上运行，2022年6月27日先行指标CCI完成了上升形态，对应的参数为189.48，次日该指标掉头向下，7月12日先行指标CCI日线对应的参数下探到-162.60，该指标整个下跌过程中没有出现反弹，只做了一两个交易日的短暂抵抗。上述市场特征出现，要回头看看先行指标CCI在非常态区间或极端区间运行的时间是否超过9个交易日，如果没有，大盘反弹就是最佳的中线撤退的机会。只要简单地看看当时先行指标CCI对应的参数就会发现该指标在100以上只停留了5个交易日，就开始运行无抵抗下跌形态。

上证指数日线对应的先行指标CCI在0轴上方停留时间小于9个交易日，先行指标CCI从100以上直接跌到-100以下，没有出现抵抗形态。战法的两个重要市场特征都已经出现，投资者要做的就是等到指数反弹、个股反弹寻找合适的机会中线撤退。虽然有些个股与大盘运行的形态不同，甚至少数个股有可能在大盘中线下跌时逆势上涨，但这种个股终归是少数。因此，投资者大幅降低仓位才是主要策略。

2022年7月18日上证指数开始反弹，反弹仅维持了几个交易日就再次下跌。虽然下跌过程中也有反弹出现，但反弹的力度都不是很大。3个月以后，上证指数从反弹高点3308点下跌到2885点，大盘足足下跌了400点。上证指数下跌400点，个股平均跌幅应该不会小于15%，很多个股的跌幅可能超过20%。如果上证指数日线对应的先行指标CCI出现战法提示的市场特征后，能够在反弹时坚决撤退，减少亏损10%左右应该是大概率的事情。

再来看一个符合根据先行指标CCI在高位停留的时间判断指数能否创新低战法的案例（见图8-14）。

图 8-14 上证指数日线对应的先行指标 CCI 从 100 以上跌到 -100 以下后指数大跌 800 点

2021年9月29日，上证指数下探到3518点，日线对应的先行指标也同步出现低点。经过三周的上涨，上证指数上攻到3625点后当日开始回落，先行指标CCI次日掉头向下，日线对应的参数从101.38直接跌到-158.12，该指标下跌过程中没有出现反弹，是典型的无抵抗下跌形态。上述走势符合战法中的第一个市场特征。我们再来看看先行指标CCI日线对应的参数在非常态区间以上停留的时间是否小于等于9个交易日；如果小于等于9个交易日，就可以初步确认大盘中期下跌已经开始。2021年9月29日上证指数日线对应的先行指标CCI从-160.02向上运行，从该指标突破100当日计算刚好连续在100以上停留9个交易日，完全符合战法中的另一个重要市场特征。

上述两个市场特征出现后，投资者要做的就是等待指数反弹，指数反弹多数个股也就能够同步反弹，中线卖出的机会也就出现了。各位投资者可能会发现先行指标CCI发出中线卖出信号以后，指数反弹的力度很大，最终的高点比先行指标CCI发出卖出信号时还要高，持续的时间也比较长。这种市场特征出现，很多投资者都会认为先行指标CCI发出的中线卖出信号是错误的、无效的，很容易在指数创出新高后进场做多。笔者认为，投资者看到指数创出新高追涨并不意外。因为绝大多数的投资者都会受股价或指数上涨下跌影响，股价涨了期待涨得更高，丧失风险意识；股价下跌就猜测有利空会暴雷，忘记了股价大跌才是最大的利多。中线卖出信号出现后上证指数创出新高的概率很小，但不是没有。

举个例子：大盘完成五浪上涨形态后会走出A浪下跌、B浪反弹、C浪下跌形态，从A浪开始大盘就已经运行到下跌形态，但有时候B浪反弹的高点可能比第五浪上涨的高点还要高，理论上不应该出现。但是历史经验告诉我们，同一形态中的B浪高点高于第五浪高点中外股市都出现过。

2021年12月13日上证指数运行到3708点后掉头向下，经过5个月三拨的下跌，上证指数下探到2863点后才企稳反弹，累计下跌超过800点。这次中期下跌，大部分个股的跌幅都可以用巨大来形容。投资者如果能够在先行指标CCI发出中线卖出信号后的反弹中清仓所有股票，至少能够在之后的下跌中做出20%的差价。因此，在实战中既要学会在中线卖出信号出现时坚决卖出股票，又要在市场震荡整理时高抛低吸，只有这样才能真正实现收益最大化。

三、大盘反弹逃顶抄底 RSI 再次跌破中轴线抵抗形态结束

根据先行指标 CCI 在高位停留的时间判断指数能否创新低战法的第二个要点是先行指标 CCI 在 0 轴上方的非常态区间或极端区间，即 100 的上方连续停留的时间小于等于 9 个交易日，该指标就从上向下直接跌到 0 轴下方的非常态区间或极端区间。其后大盘会反弹，有时候甚至短暂创出新高，逃顶抄底 RSI 会在中轴线上方运行一段时间，只要该指标再次跌破中轴线后不再回到中轴线上方，大盘抵抗性反弹已经结束，不会太久就会创出新低。上述要点中的前半部分已经在前面做了详细的解释，第二个要点中的逃顶抄底常用的 RSI 指标的运行形态是大盘能否走出中期下跌的关键。下面解释一下逃顶抄底常用的 RSI 指标在实战中如何应用。简单点说，根据逃顶抄底 RSI 指标多数时候能够比较准确地判断大盘和个股的高点或低点，比如说该指标发出买入或卖出背离形态。只要形态确认就可以认定大盘或个股即将上涨或下跌。如果该指标出现顶背离或底背离其后上涨或下跌的力度就会更大一些。

逃顶抄底常用的 RSI 指标买入背离是指指数或股价创出新低，对应的逃顶抄底 RSI 没有同步创出新低。请注意逃顶抄底常用的 RSI 指标出现的两个低点中至少有一个对应的参数高于 20，其后股价出现上涨的概率就比较大。逃顶抄底常用的 RSI 指标卖出背离的形态和买入背离的形态完全相反，其对应的参数至少有一个低于 80 就是卖出背离。逃顶抄底常用的 RSI 指标的底背离和顶背离形态上与买入背离和卖出背离基本一样，唯一不同的是顶背离中逃顶抄底常用的 RSI 指标对应的两个高点对应的参数都要高于 80，逃顶抄底常用的 RSI 指标出现底背离时两个低点对应的参数都要低于 20。由于逃顶抄底常用的 RSI 指标是运行在 0 到 10 之间，中轴线 50 就成为非常重要的强弱分界线。战法中谈到如果先行指标 CCI 从 100 以上直接跌到 -100 以下后反弹力度比较强的时候，逃顶抄底常用的 RSI 指标可能在中轴线上方运行一小段时间。正常情况下如果是强势市场，逃顶抄底常用的 RSI 指标大部分时间都会在中轴线上方运行，即使偶尔运行到中轴线以下，也会很快回到中轴线上方。战法中大盘反弹的力度

较大，少数时候可能会创出新高，但逃顶抄底常用的 RSI 指标却不会像强势市场那样持续在中轴线上方运行。如果大盘反弹力度较弱，逃顶抄底常用的 RSI 指标可能就直接走弱，多数时候运行在中轴线下方。也许上述市场特征出现时，大盘还没有下跌或刚刚开始下跌，这时候要理性对待，不要因为看上去指数很强，错过最佳的清仓机会。

来看一个符合根据先行指标 CCI 在高位停留的时间判断指数能否创新低战法的案例（见图 8-15）。

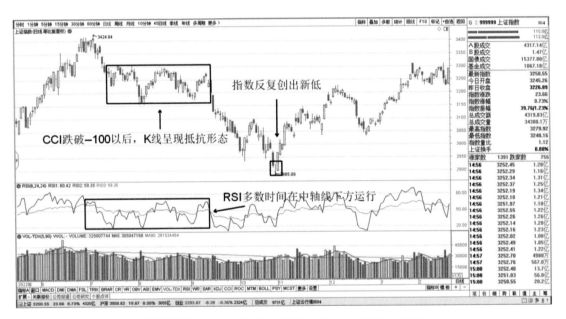

图 8-15 上证指数日线 RSI 跌破中轴线指数创新低

2022 年 7 月 6 日，上证指数日线对应的逃顶抄底常用的 RSI 指标跌破了中轴线。请各位投资者注意，逃顶抄底常用的 RSI 指标跌破中轴线时上证指数从高点计算只下跌了约 70 个点，下跌的时间只有一个交易日。大家都知道，大盘运行在上升形态的时候，就算指数一天跌 100 多点，很多技术指标也不会跌到中轴线下方，技术形态也会保持强势。而根据先行指标 CCI 在高位停留的时间判断指数能否创新低战法中的一些市场特征出现后，指数刚刚下跌，技术指标就直接走弱，足以说明大盘当时的状态很弱。虽然逃顶抄底常用的 RSI 指标两次回到中轴线上方，多方做了短暂的抵抗，但很快就被压制到中轴线下方。更重要的是上证指数出现高点 3424 点前逃顶抄底常用的 RSI 指标已经出现了卖出背离形态，对多方来说承受的压力将非常大。对于投资者来说，大盘可能创出新低的多个市场特征都已经出现，寻机全线撤退是最重要的策略。

2021 年 12 月 17 日上证指数日线对应的逃顶抄底常用的 RSI 指标跌到中轴线以下（见图 8-16），其后 5 个月时间上证指数从 3632 点跌到 2865 点，逃顶抄底常用的 RSI 指标偶尔会回到中轴线上方，但最多一次停留的时间为 4 个交易日。下面简单介绍一下有效突破和无效突破的区别。一般情况下，当股价突破某一个技术位后，如果指数突破后技术位上方一点的位置停留一两个交易日并没有继续向上运行，这种 K 线形态不能认定为有效突破。有效突破一般有两种：第一种是指数突破后快速摆脱技术位的吸引向上运行；第二种是股价突破后在技术位上方至少连续运行 5 个交易日。（技术指标的是否有效突破与股价有效突破是一样的）本案例中逃顶抄底常用的 RSI 指标最多的一次在反弹到中轴线上方 4 个交易日，不能认定为有效站稳。该指标再次跌到中轴线下方其释放的做空能量可能会更强，从操作的角度来看，和上一个案例一样，符合指数抵抗后继续创出新低的多个市场特征，就要积极地寻找全线撤退的机会。往往这个时候因为股价走得有些弱，大多数投资者都期望股价反弹多一点再卖出股票，但这样可能会错过指数创新低前最后一次逃顶的机会。

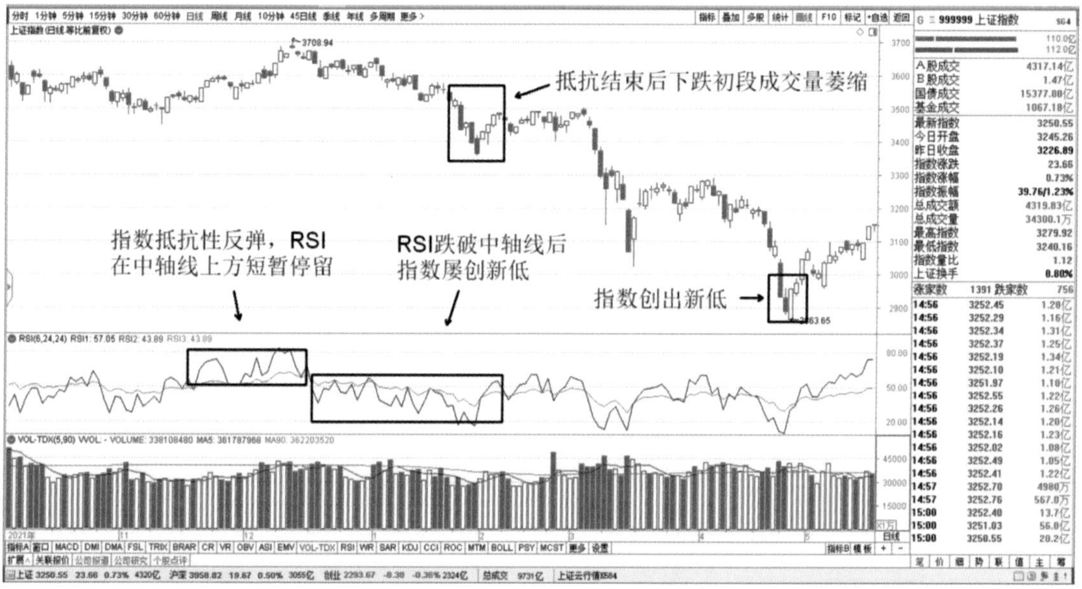

图 8-16　上证指数日线对应的 RSI 指标在中轴线上方抵抗后跌破中轴线

四、被动性卖盘转换为主动性卖盘

先行指标 CCI 在 100 上方连续停留的时间小于 9 个交易日，该指标从上向下直接跌破 -100 时是短线卖出信号。如果在之后的一段时间，很多个股出现明显的被动性卖盘转化为主动性卖盘就可以确认指数至少有一波中线下跌。

被动性卖盘是指已经委托的没有成交的卖单。大盘相对平稳的时候，沪深两市盘中的被动性卖盘会在 10 亿股到 15 亿股之间。被动性卖盘主要有两种：第一种是一些喜欢做短线的投资者，盘中把自己持有的个股挂在当时成交价上方一点的位置，成交后在相对低一点的位置买回来，就可以达到短线高抛低吸的目的；第二种被动性卖盘是并不想真的在当时的成交价附近卖出，而是会将委托卖单挂在相对比较高的位置，等待股价突然冲高。第二种被动性卖盘多数是不会成交的，投资者挂单多数是为了碰碰运气。主动性卖盘是指投资者直接按照买入价格卖出，保证能够直接成交的卖盘。

当股价出现一定幅度下跌时，投资者担心股价大幅下跌不再挂单等待成交，而是选择直接卖出时，这个过程就是被动性卖盘转化为主动性卖盘。如果短时间内大量的被动性卖盘转化为主动性卖盘，股价就会形成做空共振，甚至可能出现短线股价连续下跌。

第九章

使用先行指标 CCI 判断大顶、大底

第一节　根据先行指标 CCI 五次下探确认牛市

一、根据先行指标 CCI 判断牛市的第一要点

很多投资者使用先行指标 CCI 判断大盘和个股的中短线走势，实际上该指标用于判断大盘中长期走势效果会更好。使用先行指标 CCI 判断大盘或个股的中长期走势时可以通过先行指标 CCI 的位置、形态判断大盘或个股即将走强或即将走弱。先行指标 CCI 战法只适用于各大指数，不适用于个股。

我们来看一下先行指标 CCI 5 次确认后确立牛市的第一个要点。指数日线对应的先行指标 CCI 从 0 轴上方下跌到 -200 以下的极端区间后反弹，完成反弹后至少 5 次确认 -100 到 -200 的非常态区间，先行指标 CCI 5 次确认上述区域，确认过程中先行指标 CCI 不能再有效跌破 -200，如果满足以上条件，指数至少会大幅上涨，多数时候满足上述条件，可以基本确认牛市已经开始。

二、根据先行指标 CCI 五次下探确认牛市案例分析

来看使用先行指标 CCI 判断牛市起点的案例（见图 9-1）。

2013 年 10 月 25 日上证指数日线对应的先行指标 CCI 从 0 轴上方的极端区间下跌到 -223.03，直接跌到 0 轴下方的极端区间。日线级别的先行指标 CCI 跌到 -200 以下每年都会有几次，如果当时的指数的位置很高，比如说从高点开始计算跌幅不是很大，下跌的持续时间也不是很长，或者指数运行在上升形态，该指标的下跌只是上升浪中的正常调整，不要太在意当时的形态。相反，如果先行指标 CCI 从 0 轴上方直接跌到 -200 以下，指数在过去相当长时间始终运行在调整形态且跌幅已经很大，就要密切关注该指标之后的走势。也许几个月，也许更长时间，先行指标 CCI 出现连续 5 次下探到 -100 到 -200 之间，其后指数出现大幅上涨的概率非常大。虽然不能说以后 A 股市场的各大指数出现上述形态后都会大涨或启动大牛市，至少过去 30 年，中国股市出现上述形态每一次指数都会翻倍甚至翻几倍。

图9-1 上证指数日线对应的先行指标 CCI 5 次向下确认到 −100 到 −200 之间

使用根据先行指标 CCI 5 次下探确认牛市战法的时候一定要注意一个关键点——先行指标 CCI 跌破 −200 以后要连续 5 次确认 −100 到 −200 之间的区域。5 次确认过程中不能出现先行指标 CCI 有效跌破 −200 的形态。举个例子，先行指标 CCI 跌破 −200 以后开始反弹，之后连续两次都跌到 −100 到 −200 之间，该指标第三次下探的时候，跌到了 −230 后开始向上，之后又有两次跌到 −100 到 −200 之间。如果出现上述走势，是不能认定符合战法要点的。先行指标 CCI 必须是 5 次连续确认 −100 到 −200 之间，中间不能出现有效跌破 −200 的情况。先行指标 CCI 是运行在正无穷大到负无穷大之间，也许会出现 5 次确认中的某一次跌到比 −200 低一点的位置，只要次日回到 −200 以内是可以认定有效的。

先行指标 CCI 跌到 −200 以下后马上开始反弹，之后的 8 个月先行指标 CCI 5 次确认。确认的具体时间分别是：2013 年 11 月 13 日下探到 −166.16、2013 年 12 月 17 日下探到 −192.06、2014 年 3 月 12 日下探到 −157.6、2014 年 4 月 28 日下探到 −179.87、2014 年 6 月 20 日下探到 110.13。先行指标 CCI 经过 5 次确认，做空能量消耗得非常充分，已经具备了大涨的条件。从操作的角度看，只要先行指标 CCI 走出完全符合战法的市场特征，就要寻机进场大举做多。

很多时候，投资者买卖股票的时候总是犹豫不决，总是希望买到最低点、卖到最高点。投资者有这样的想法很正常，但在实际操作中，难度是非常大的。很多年前，笔者非常看好银行股，买入了很多招商银行的股票。当时测算招商银行的股价能够涨到 12.3 元，买入后就一直持有。股价慢慢地上涨，经过一段时间股价上涨到 12.1 元附近。笔者非常兴奋，认为一定能够涨到 12.3 元，就很坚决地持有。遗憾的是之后股价只涨了几分钱，都没能涨到 12.2 元就开始下跌。当时的我想把股价卖到最高点的欲望非常强烈，就固执地继续持有。几天后股价跌破 11.5 元，这时候才清醒过来，之后的几天把持有的招商银行的股票都卖了，错过一次再次高点清仓的机会。很多年之后再看当时招商银行股价的走势，能够很清晰地至少看出几处明显的卖出信号，可能是笔者当时对股票的理解不够深刻，也可能是想把股票卖到最高点的欲望战胜了理智，反正最后的结果不尽如人意。

买卖股票不要追求完美，也许某一次操作能做到完美，但多数时候追求完美很可能会付出代价。所以，当先行指标 CCI 完成 5 次确认后，没有必要去寻找最佳买点，直接分批开始建仓应该算比较好的策略。

三、根据先行指标 CCI 判断牛市的第二要点

再来看第二个要点：日线对应的先行指标 CCI 至少 5 次确认 -100 到 -200 之间的区间，周线对应的先行指标 CCI 在行情结束前一般不会跌破 -125，很多时候跌到 0 轴附近指数就会再次上涨。指数震荡上涨过程中的每一次回调只要先行指标 CCI 跌到 0 轴附近或再低一点的位置，只要再次掉头向上，就是比较好的买入机会。

我们继续来看先行指标 CCI 周线确认出现买点的案例（见图 9-2）。

2014 年 4 月 28 日日线对应的先行指标 CCI 下探到 -110 完成了最后一次确认，该指标完成确认后就可以认定大盘至少会有较大幅度的上涨。一般情况下指数会走出翻倍行情，也有可能是新一轮牛市的开始。如果之后指数开始上涨，成交量温和放大，大盘无论走出哪种上升形态都会持续比较长的时间。大盘带量上涨，但不可能一直上涨不回调。只要指数开始回调，就可以使用先行指标 CCI 的位置判断大盘的下一个最佳买点。笔者一般会这样做，每个周五都要看一下周线级别的先行指标 CCI 的位置，

如果这时候周线对应的先行指标 CCI 已经回调到 0 轴附近，就要密切关注该指标下周的运行形态，如果先行指标 CCI 开始向上运行，就证明大盘大级别的上升形态中的调整已经结束，虽然少数时候可能会有反复，但很快指数继续上涨并屡创新高。如果先行指标 CCI 下探到 0 轴附近后的第二周并没有向上运行，这时候不要着急，等待先行指标 CCI 继续调整，一般只要大盘没有完成大级别的上升形态，周线级别的先行指标 CCI 是不会有效跌破 -125 的。笔者所说的先行指标 CCI 不会跌破 -125 是指周线收盘，也就是到周五的时候先行指标 CCI 不会低于 -125。周一到周四理论上有可能跌破 -125，但这种情况比较少见。使用战法的时候，一定要弄清楚使用的先行指标 CCI 是周线还是日线，如果弄混可能会出现严重的后果。

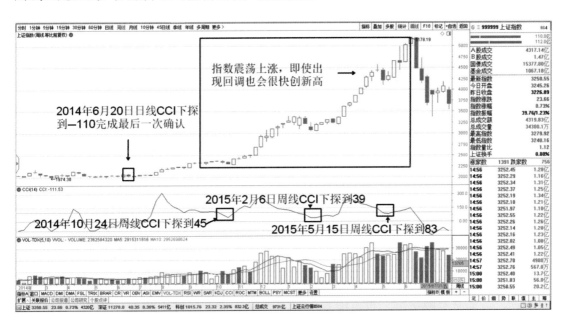

图 9-2　上证指数日线对应的先行指标 CCI 确认出现买点

2014 年 10 月 24 日周线先行指标 CCI 下探到 45，第二周先行指标 CCI 掉头向上，上证指数放量上涨 5.12%，上证指数只用了 10 周时间就从 2279 点上涨到 3404 点，涨幅达到 49.3%。2015 年 2 月 6 日周线先行指标 CCI 下探到 39，第二周先行指标 CCI 掉头向上，上证指数放量上涨 4.16%，上证指数只用了 12 周时间就从 3029 点上涨到 4572 点，涨幅达到 50.9%。2015 年 5 月 15 日周线先行指标 CCI 下探到 83，第二周先行指标 CCI 掉头向上，上证指数放量上涨 2.44%，上证指数只用了 5 周时间就从 4187

点上涨到 5178 点，涨幅达到 23.6%。2015 年的大牛市周线先行指标 CCI 三次回调符合买入条件，每一次该指标提示出现买点时，指数都是完成调整刚开始上涨。每一次买点出现后都会有非常大的涨幅。如果按提示买入之后涨幅中等的个股，其收益都是非常大的。

大盘大级别上涨或大牛市确认启动后的强势调整，周线先行指标 CCI 有时候也会回调到 0 轴下方，但该指标调整直接跌到 0 轴下方的非常态区间的时候比较少见。如果该指标周线对应的参数周线收盘时跌到 -125 以下，大盘的大级别上涨或者牛市的第五大浪可能就会结束。因此，投资者如果看到大盘持续上涨之后，周线先行指标 CCI 跌破 -125 时，需要考虑的不是逢低买入，而是找机会降低仓位或清仓所有股票。因为大盘很可能开启了熊市下跌模式或大级别调整模式。

四、根据先行指标 CCI 判断牛市的第三要点

再看看先行指标 CCI 5 次确认非常态区间成交量的变化情况。日线对应的先行指标 CCI 5 次左右确认 -100 到 -200 之间的区域，月线的成交量在行情正式启动当月至少要比上一个月放大 60%，如果启动行情的月份或上一个月有包括春节或国庆节等重大节日，要根据正常交易的时间判断成交量放大的幅度是否达到战法的要求，多数时候成交量呈现倍量或几倍量。

倍量是指当日、当周或当月的成交量是上一交易日、上一交易周或上一交易月的一倍，有时候也可以和最近五日均量、五周均量或五月均量做对比。指数在底部长时间运行，可能是窄幅震荡，也可能是反复冲高回落或者是其他形态，但成交量始终没有明显变化，说明底部形态还在构筑中。当指数上涨成交量持续放大甚至出现倍量或几倍量时很可能传递了大盘已经完成底部确认开始新一轮的上涨行情。当然，笔者所说的倍量或几倍量不是只出现孤零零的一根量，而是要持续放量，这样才能基本确认行情已经开始。

我们来看 2014 年 6 月 20 日先行指标 CCI 第五次下探完成后月线成交量的变化（见图 9-3）。

图9-3　上证指数月线成交量放大60%以上

　　先行指标 CCI 完成 5 次确认后不代表大盘马上就会大涨，有时候需要数周甚至数月的震荡整理。先行指标 CCI 5 次确认后是充分完成了做空能量的释放，完成做空能量的释放后，当时的做多能量不足以推动大盘持续大幅上涨，更不能推动大盘完成一次大牛市。因此继续低位震荡聚集更强的做多能量就是多方最好的选择。

　　请各位投资者记住，不要因为指数在低位反复震荡失去信心，更不要因为每一次指数冲高遇阻回落怀疑战法的有效性。因为这个阶段是考验投资者心态的重要时期，耐心是这个阶段最重要的策略。操作上，投资者只需要记住指数每一次回落，都是比较好的逢低买入的机会，买入后指数冲高是否短线卖出要看投资者的风险偏好。风险厌恶的投资者不愿意承担股价再次回落的风险，是可以短线获利了结的。但这样做会承担牛市一旦启动无法再次逢低买入的风险。风险偏好的投资者要做的就是持仓，如果指数再次回落，就要考虑继续加仓。虽然承担了短线风险，但一定不会在牛市启动时踏空。

　　踏空是指大盘或个股大幅上涨前卖出股票且没来得及重新买回来股票。踏空不可怕，可怕的是行情启动了，投资者还在期望指数或股价能够再跌回来，期望股价跌到卖出价格以下。很多投资者都是因为这样的期望，眼睁睁地看着卖出的股票大幅上涨。

少数投资者甚至会在股票涨幅巨大的时候，固执地去买入踏空的个股。这样做既犯了踏空的错误又犯了追涨的错误。投资者出现这样的心态，在股市中想盈利非常难，需要长时间的心态调整才会重新理性面对市场。

先行指标 CCI 5 次确认后，指数完成能量聚集开始上涨，无论之后大盘走出大级别反弹行情还是走出一拨牛市行情，其涨幅都是非常大的，保守预计指数也会出现翻倍的涨幅。如此大的涨幅如果错过实在太可惜了。这时候投资者能否找到指数大幅上涨过程中的第二买点、第三买点和第四买点就非常重要。如果能够找到上升过程中的几个重要的强势调整的低点，投资者获得丰厚的回报毫无悬念。战法中除了能够确认大牛市的开始，也能够使用先行指标 CCI 的运行形态判断出大部分强势调整的买点。

五、根据先行指标 CCI 判断牛市的第四要点

我们来看看判断强势调整买点的主要市场特征。先行指标 CCI 5 次确认后，指数开始大幅上涨。指数上涨过程中出现调整，先行指标 CCI 也会同步调整，每次该指标回调到 0 轴附近就是最好的强势调整的买点。先行指标 CCI 的 0 轴附近指的是 −50 到 50 之间的区域，个别的时候可能对应的参数比 50 略高或比 −50 略低。当先行指标 CCI 运行到上述区域就是最好的买入时机，这时日线的成交量呈现萎缩状态。

2014 年 6 月 20 日上证指数日线对应的先行指标 CCI 完成了 5 次确认，很快上证指数就开始稳步上涨（见图 9-4）。

2014 年 7 月 10 日上证指数日线对应的先行指标 CCI 下探到 −30.21，成交量出现了小幅的萎缩。次日先行指标 CCI 掉头向上运行，指数开始上涨，成交量开始放大，上证指数低点当日的成交量为 847 亿元，次日成交量放大到 862 亿元，第三日成交量放大到 963 亿元，第四日成交量放大到 1029 亿元，成交量呈现温和持续放大。当指数开始上涨、成交量持续温和放大，先行指标 CCI 掉头向上的市场特征出现，我们就可以认为，先行指标 CCI 提示的强势买入信号已经出现，投资者要做的就是坚决进场做多并中线持有。

下面解释一下上述市场特征出现强势调整低点时成交量虽然比上一交易日萎缩，但萎缩的幅度并不明显的原因。从上证指数的 K 线图可以看出，先行指标 CCI 完成 5

次确认后到该指标第一次提示强势调整的时间只有 15 个交易日，指数涨幅不大，成交量也没有大幅放大。所以，先行指标 CCI 提示强势调整出现低点的时候不会出现指数调整幅度较大或成交量大幅萎缩的情况。简单点说，指数调整的幅度和成交量萎缩的幅度是相对的，涨得多强势调整幅度就会大一些，成交量放大的幅度大，萎缩时的幅度也就会大。

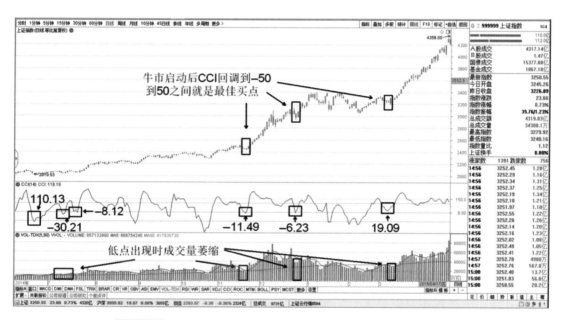

图 9-4 上证指数启动行情后回调确认 0 轴附近是最佳买点

2014 年 7 月 21 日上证指数日线对应的先行指标 CCI 下探到 -8.12，指数出现一定幅度的调整，日成交量从 7 月 15 日的 1029 亿元萎缩到 7 月 21 日的 757 亿元，先行指标 CCI 第二次出现强势调整形态时成交量萎缩得比较明显。次日，上证指数拉出了第一根中阳线，开启了指数加速上涨的序幕，多方只用了 11 个交易日就将指数从 2049 点推高到 2226 点。如果各位投资者还记得，上证指数 11 个交易日涨幅约 9%，这个阶段一部分个股涨幅超过 20%，一小部分个股涨幅超过 30%。对于 A 股市场来说，个股两周时间出现这么大的涨幅还是比较少见。对于多数投资者来说，在大盘震荡行情或下跌行情中可能几年都没有机会赚到 20% 的收益。

先行指标 CCI 完成 5 次确认后开始上涨，每一次走出强势调整形态都是非常好的买入时机，而且买入时机出现后，大盘马上就会开始上涨，甚至是加速上涨。操作上，投资者一定要果断，先行指标 CCI 强势调整形态出现后，马上买入目标股票，也许买入的股票会出现反复或短暂下跌，但承担短线风险和之后可能出现的收益相比是非常值得的。不能总是期待指数或股价能够调整得更低一点。

2014 年 10 月 23 日先行指标 CCI 对应的参数下探到 -217.55，再一次下探到 0 轴以下的极端区间。可能有投资者会问先行指标 CCI 跌到 -200 以下是不是应该重新计算 5 次确认 -100 到 -200 之间的区域。战法中的先行指标 CCI 跌破 -200 以后 5 次确认 -100 到 -200 之间后可以认定大盘至少会走出一拨大级别上涨行情，多数时候可以认定为牛市确定。

只要先行指标 CCI 完成了上述动作，大盘也如期开始上涨，之后该指标无论几次跌破 -200 都不会影响大盘持续上涨的走势。因为这时候大盘已经确立上涨形态，之后先行指标 CCI 调整的幅度多少只能说明当时多空能量的强弱。该指标调整到 0 轴附近再次向上属于强势调整，调整到 -100 到 -200 的非常态区间属于正常的调整，调整到 -200 以下只能说该指标调整的力度较大。只要周线先行指标 CCI 不有效跌破 -125 就不能认定大盘已经结束牛市的上涨形态。比如说，2014 年 8 月 28 日、2015 年 2 月 2 日和 2015 年 2 月 6 日先行指标 CCI 都跌到非常态区间，但周线先行指标 CCI 并没有跌破 -125，上述形态只能算大盘正常调整。

2014 年 11 月 20 日上证指数日线对应的先行指标 CCI 下探到 -11.49、2014 年 12 月 24 日上证指数日线对应的先行指标 CCI 下探到 -6.23、2015 年 3 月 6 日上证指数日线对应的先行指标 CCI 下探到 19.09，每一次先行指标 CCI 走出强势调整形态成交量都出现比较明显的萎缩，每一次先行指标 CCI 走出强势调整形态指数在对应的低点停留的时间都非常短暂，这些都是实战操作中非常重要的市场特征。

可能投资者看到这里会觉得使用战法很容易找到买点，甚至买到最低点。实际上，真金白银的实战操作中，往往出现上述市场特征的时候都是指数在下跌或者短线大跌，投资者的心态会受当时市场的走势影响，不敢真的出手买入股票。笔者多次使用了果断买入、坚决买入的词汇，就是希望投资者在实战操作中不要因为大盘的下跌或大跌对心态影响过大，导致看到非常典型的市场特征不敢主动出击进场做多。

再来看另一个先行指标 CCI 日线对应的参数跌破 -200 以后连续 5 次确认 -100 到

-200 之间的非常态区间后确认牛市的案例（见图 9-5）。

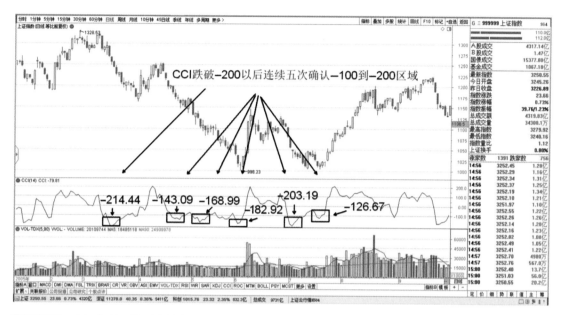

图9-5 上证指数日线对应的先行指标 CCI 跌破 -200 后连续 5 次下探 -100 到 -200 之间确认牛市

2005 年 3 月 6 日上证指数日线对应的先行指标 CCI 下探到 -214.44，当日上证指数为 1255 点，已经从上一轮牛市的高点 2245 点下跌了约 1000 点，跌幅达到了 44%。看到上述数据，投资者就应该想到先行指标 CCI 是否会走出 5 次确认的形态。从这一时刻开始，每一次先行指标 CCI 下跌的位置都是投资者要高度重视的位置。2005 年 4 月 25 日先行指标 CCI 下探到 -143.09、2005 年 5 月 21 日先行指标 CCI 下探到 -168.99、2005 年 6 月 2 日先行指标 CCI 下探到 -182.92、2005 年 7 月 4 日先行指标 CCI 下探到 -203.19、2005 年 7 月 19 日先行指标 CCI 下探到 -126.67，先行指标 CCI 完成了 5 次对 -100 到 -200 非常态区间的确认。其中第四次确认先行指标 CCI 下探到 -203.19，投资者可能会说出现了跌破 -200 的情况，应该重新计算 5 次确认。

笔者之前已经做过解释，先行指标 CCI 运行的区间是正无穷大到负无穷大，偶尔出现比如说本不应该跌到 -200 以下，但其他市场特征都符合，该指标只短暂地跌到 -200 以下一点的位置并且马上掉头向上，这种情况是可以忽略不计的。因此，2005 年 3 月 6 日以来出现的先行指标 CCI 5 次确认非常态区间是有效的。该指标完成了 5 次确认后，投资者要做的就是及时买入目标股票。如果之后指数出现反复确认，每一次向下运行，都是提高仓位最佳的时机。

2005年7月19日日线对应的先行指标CCI下探到-126完成了最后一次确认，上证指数即将开启一轮牛市行情。牛市行情启动之初投资者不需要担心牛市结束。但随着上证指数越涨越高，牛市结束的可能性就会增加，防范风险重要性与实现收益最大化同等重要。判断牛市是否结束的方法很多，使用笔者讲到的方法虽然不能在牛市最高点时提示牛市已经结束，但可以判断上证指数上升过程中出现的级别略大一些的调整的性质，可以判断大级别调整出现后牛市是否已经结束。如果没有结束，就是大举买入股票的良机。如果得出的结论是大牛市已经结束，大盘已经开启下跌形态，对于投资者来说可以考虑适当提高仓位，等待指数再次冲高时清仓所有股票，耐心等待漫长的熊市中B浪反弹的盈利机会。

2005年11月11日周线对应的先行指标CCI下探到-122.06后开始掉头向上运行（见图9-6）。

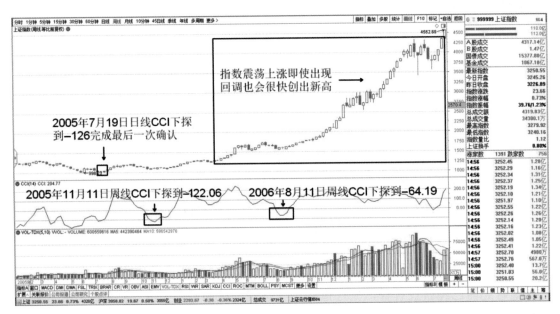

图 9-6 2005 年 11 月 11 日周线对应的先行指标 CCI 下探到 -122.06 后开始掉头向上运行

周线级别的先行指标CCI在本次下跌过程中没有跌破判断指数是否运行到熊市的关键数值-125以下，说明上证指数属于弱势调整，新一轮的上涨会很快开始。上证指数周线对应的先行指标CCI下探到-122.06当周收盘点位1090点计算到下一个重要高点 1695 点仅运行了 28 周，涨幅却达到了 55.5%。如果投资者因为指数调整担心之后会大跌，没有观察周线先行指标 CCI 的形态，很可能会错过一次难得的盈利机会。

更重要的是经过这次确认，投资者可以更加相信大盘大牛市形态毋庸置疑。2006年 8 月 11 日周线对应的先行指标 CCI 下探到 -64.19 后马上向上运行，明确地传递了大盘继续运行在牛市中，继续持股待涨是最佳的策略。先行指标第二次向下运行并在 -125 以上结束确认开始上涨，上证指数直接从 1541 点上涨到 4335 点，可以用涨幅巨大来形容。

2007 年 11 月 30 日上证指数周线对应的先行指标 CCI 下探到 124.52 点，该指标参数对应的位置距离判断大盘是否运行到熊市的关键数值只差 0.48 点。考虑到上证指数已经出现了 6 倍的涨幅，市场风险已经很大，投资者每天都要密切关注周线先行指标 CCI 的参数变化。

2008 年 1 月 18 日当周上证指数反弹到 5522 点后掉头向下，先行指标 CCI 在 0 轴附近遇阻开始回落。日线先行指标 CCI 上涨过程中如果在 0 轴附近遇阻，很可能传递了大盘已经运行到下跌形态。如果先行指标 CCI 是在周线或月线上出现在 0 轴附近遇阻下跌，很可能预示着大盘已经完成了趋势性改变。即使不能认定牛市结束，也可以认定牛市即将结束。2008 年 2 月 1 日当周，上证指数跳空低开无量下跌，指数直接有效跌破了上一个重要低点 4778 点，周线对应的先行指标 CCI 收盘时的参数为 -197.66，熊市确立。

从操作的角度看，2007 年 11 月 30 日周线对应的先行指标 CCI 跌到 -124.52 开始就要谨慎对待当时的市场风险，2008 年 1 月 18 日周线先行指标 CCI 在 0 轴附近遇阻就要考虑适当减仓，2008 年 2 月 1 日周线先行指标 CCI 跌破 -125 时就要考虑大幅减仓或清仓。如果当时没有能够及时做出反应，之后指数出现反弹也应该坚决出货。就算等到指数确认熊市后的反弹再开始清仓，也能把股票卖到 4500 点左右，至少可以躲避之后近 3000 点的下跌。对于个股来说，上证指数从 4500 点下跌到 1664 点，股价跌幅在 50% 左右是很平常的。

再来看看这个案例中成交量的变化是否符合使用先行指标 CCI 5 次下探确认牛市要点（见图 9-7）。

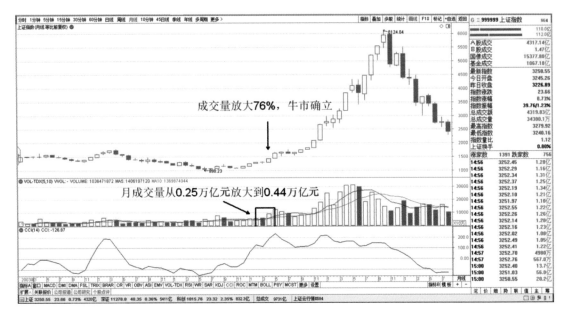

图 9-7 上证指数月线成交量放大 76%，牛市确立

　　有经验的投资者可以通过日线或周线的成交量判断大盘的成交量是否已经符合确立牛市的条件。只需要简单地计算一下一周左右成交量的放大情况，延后预估一下当月的成交量放大情况，就可以判断月成交量是否放大到符合条件的水平。而不用等到当月结束再对比成交量是否比上一个交易月放大 60% 以上。我们注意到，上证指数 2006 年 3 月日成交均量 2465 万手，2006 年 4 月第一周日成交均量达到 4184 万手，4 月第一周日均成交量比 3 月全月日均成交量放大 69.7%。根据这组数字已经能够基本判断 4 月份成交量会大幅放大，投资者要做的就是继续加大买入力度。如果 2006 年 4 月第一周收盘买入，当时的指数是 1343 点，要比当月收盘的 1440 点低 7.2%。指数涨 7.2%，很多个股涨幅可能超过 20%，足以看出对于有经验的投资者来说实现超额盈利并不难。

　　下面介绍如何判断 3 月全月日均成交量和 4 月第一周日均成交量。最直接也是最笨的方法是把 3 月的日成交量相加延后除以当月的交易日，就可以得出日均成交量。笔者使用的方法是先查一下 3 月份一共有多少个交易日，然后把成交量的均量线改成对应的交易日，再看当月最后一天的成交均量。比如，3 月份一共 23 个交易日，就把均量线改成 23，然后看 3 月 31 日收盘后 23 日的日成交均量，这个数值就是当月的均量线。使用上述方法也可以判断 4 月第一周的日成交均量，延后做比较就可以准确地判断成交量放大的比例。

再来看看本案例中指数出现强势调整时先行指标 CCI 的形态是否也符合条件（见图 9-8）。

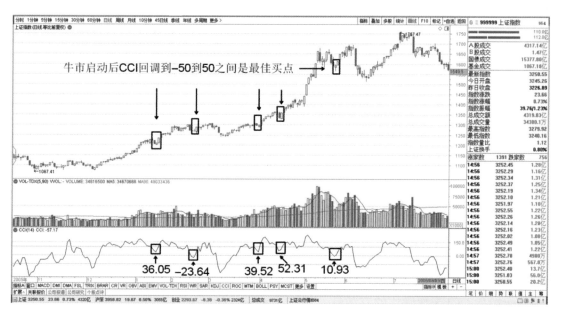

图 9-8　牛市启动后先行指标 CCI 4 次确认 0 轴都是最佳买点

2019 年 7 月 19 日上证指数日线级别的先行指标 CCI 完成了 5 次确认，之后出现了几次弱势调整。本案例谈到的强势调整一般指日线先行指标 CCI 遇阻回落获得支撑的位置在 −50 到 50 之间。当然，如果回落的位置在 50 以上也是可以认定为强势调整的。弱势调整是指日线级别的先行指标 CCI 上攻遇阻回落后的位置下探到非常态区间或极端区间。即使先行指标 CCI 运行到极端区间一般短暂停留后就会再次向上运行并回到 0 轴上方。如果该指标获得支撑后再次上行并在 0 轴附近遇阻再次回落，就不属于弱势调整形态。

上证指数牛市确立以后的第一阶段，先行指标 CCI 出现了 5 次强势调整形态。2006 年 1 月 17 日先行指标 CCI 下探到 36.05，次日先行指标 CCI 掉头向上，上证指数收出中阳线。2016 年 2 月 20 日先行指标 CCI 下探到 −23.64，次日先行指标 CCI 掉头向上，上证指数收出中阳线。2016 年 3 月 31 日先行指标 CCI 下探到 39.52，次日先行指标 CCI 掉头向上，上证指数收出中阳线。2016 年 4 月 13 日先行指标 CCI 下探到 52.31，次日先行指标 CCI 掉头向上，上证指数收出中阳线。2016 年 5 月 25 日先行指标 CCI 下探到 10.93，次日先行指标 CCI 掉头向上，上证指数收出中阳线。

上述数据显示，每一次先行指标 CCI 走出强势调整形态后，次日都会拉出中阳线（这里的中阳线是指指数涨幅大于 1% 小于 3%）。每次都只做短暂调整就开始加速上涨。这说明大盘的做多能量很强，先行指标 CCI 走出强势调整形态后马上就有资金进场做多，不会像弱势市场那样都在等待更低的价格再寻机逢低进场。

再来看看先行指标 CCI 强势调整出现低点时的成交量变化，可以说，每一次出现强势调整低点时，大盘日线的成交量都出现一定幅度的萎缩。比如说，2006 年 1 月 17 日先行指标 CCI 出现强势调整的低点，当日的成交量萎缩到 96 亿元，比上一交易日的 123 亿元萎缩了 28%；更重要的是当日的成交量萎缩到 90 日均量附近，也远远低于 5 日均量。上述成交量的变化传递了当时做空能量已经很弱，主动卖出股票的投资者越来越少。

下面总结一下先行指标 CCI 5 次确认战法的一些关键点。第一要弄清楚使用战法时先行指标 CCI 5 次确认的有效性。第二要看先行指标 CCI 的位置，有时候要看日线的位置，有时候要看周线的位置，这个千万不能弄错；如果弄错可能会出现比较严重的后果。第三要看先行指标 CCI 出现强势调整低点时的成交量是否萎缩，更重要的是看确认牛市时成交量放大的幅度是否符合条件。只要把这些关键点都看懂理解透，以后使用的时候就不会错过一轮大级别行情中的多个逢低买入的机会，也不会一直从牛市开始持仓到熊市下跌结束。也可以说，很好地使用该指标既能找到盈利的机会，也能回避大盘出现的风险。

第二节　使用先行指标 CCI 判断大顶

一、周线先行指标 CCI 第一高点出现是牛市运行到中后期的标志

指数运行到牛市或大级别上升形态，周 K 线对应的先行指标 CCI 出现的第一个高

点至关重要，这个高点是判断牛市结束或中期调整的重要依据（见图9-9）。

图 9-9　上证指数大幅上涨周线对应的 CCI 出现重要高点

2019 年 1 月 4 日上证指数下探到 2440 点，结束了近 5 年的调整后开启了牛市的主升浪中的第一拨上涨，2021 年 2 月贵州茅台为首的酿酒板块完成了最后一拨上涨后，上证指数也完成了大牛市主升浪中的第一拨上涨，累计上涨近 1300 点。大盘一年多的上涨过程中周 K 线对应的先行指标 CCI 两次上攻到 200 以上的极端区间。2020 年 7 月上旬，周 K 线先行指标 CCI 上攻到 298 以后快速回落，其后很长时间指数震荡上涨或高位横盘震荡，周线对应的先行指标 CCI 都没能够再次创出新高。因此，我们可以初步认定上证指数大幅上涨后周线对应的先行指标 CCI 出现了重要高点。

先行指标 CCI 出现重要高点不代表上证指数已经运行到上升形态的末端，因为先行指标 CCI 的一个重要特点是前瞻性。形态理论中很多判断大盘或个股高低点的方法都会寻找一个参照对象：比如说先行指标 CCI 买入背离或卖出背离的参照对象是同期股价的高点；比如说，成交量是否放大的参照对象可以是五日均量、十日均量或前一天的成交量；再比如说，判断一只长时间横盘震荡的个股能否继续上涨要参照股价横盘震荡的位置高低等。周线对应的先行指标 CCI 第一个重要高点是判断大盘中期是否会大幅下跌的最重要条件。牛市结束或大级别上涨即将结束前，周线对应的先行指标CCI第一高点的位置多数在极端区间，其位置越高，指数上升过程中累计的做空能量越大，其后向下的空间也就越大。

任何技术指标从相对低位运行到相对高位都会消耗做多能量，上升过程中技术指标运行得越高，消耗的做多能量越大，下跌形态开始以后向下的动力越强。先行指标CCI从下向上完成一个上升形态也会消耗很多做多能量，消耗做多能量的同时做空能量也会持续增强。周线级别的先行指标CCI运行到极端区间消耗的做多能量非常大，如果第一高点出现，即使指数继续上涨，也只能说明指数是靠惯性作用上行，当做空能量明显强于做多能量的时候，大盘就会出现持续下跌。

二、牛市上升形态结束前先行指标CCI会反复攻击第一高点

周K线对应的先行指标CCI出现第一个高点后，只要牛市或大级别上涨形态没有结束，先行指标CCI就会反复攻击CCI的第一高点的位置（见图9-10）。

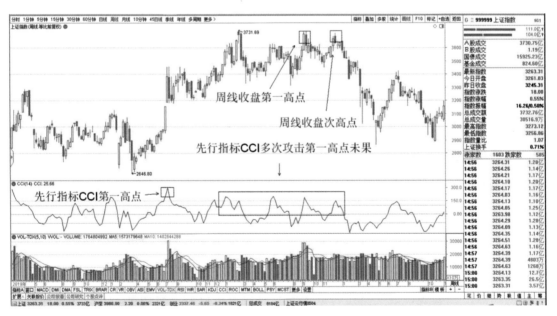

图9-10 周线对应的先行指标CCI反复攻击第一高点

2020年7月上证指数周线对应的先行指标CCI运行到298后开始回落，之后的几个月中，上证指数周线对应的先行指标CCI 4次向上攻击，前3次周线先行指标CCI

的高点都出现在 0 轴上方极端区间下方一点的位置，最后一次周线对应的先行指标 CCI 的高点只有 151，明显低于前几次。再来看看上证指数周线收盘的位置，上证指数周线 2020 年 9 月 10 日收盘 3703 点，这是本轮上涨唯一一次收盘在 3700 点上方，2020 年 12 月 10 日上证指数周线收盘在 3666 点，是本轮上涨的次高收盘点位，但对应的周线级别先行指标 CCI 的参数却是 4 次冲高中最低的。周 K 线 CCI 几次冲高都不能攻击到第一个高点对应的位置，其后指数会出现较大幅度的下跌。

上证指数涨了，对应的先行指标 CCI 却不能同步创出新高，虽然形态上没有出现卖出背离形态，但上述走势也很清晰地传递了大盘的做多能量已经转弱。更重要的是，上证指数上攻到 3731 点回调以后，上证指数出现了三次冲高，其中 2020 年 9 月上旬上证指数一度冲高到 3722 点，距离本轮上涨只有 9 个点。遗憾的是上证指数最终还是没能创出新高。请各位投资者注意，大盘或个股反复攻击某个技术位，技术位对指数或股价的压制作用会越来越弱，同时多方反复向上攻击消耗的做多能量也越来越多。当其他市场特征向多方或空方倾斜时，大盘或股价就会选择方向。先行指标 CCI 最重要的特点是前瞻性，会提前发出趋势性改变的信号。多方久攻不下 3731 点的时候，周线先行指标 CCI 已经开始与上证指数不同步运行，就是在告诉我们大盘正在构筑中期头部，不用太久就会正式下跌。

三、先行指标 CCI 提示牛市结束预示着大盘至少要下跌上涨幅度的 50%

出现上述形态，说明指数已经完成一次级别较大的上升形态（这里的上升形态的幅度一般不会小于 50%），其后指数会出现持续时间较长、下跌空间较大的形态，下跌幅度多数时候会超过上涨幅度的 50%（见图 9-11）。

如果上述三个市场特征都已经出现，一定要看看上证指数出现高点前的累计涨幅。2019 年 1 月 4 日上证指数低点 2440 点，2021 年 2 月 18 日上证指数高点 3731 点，经过两年多的上涨，上证指数累计上涨 1291 点，上涨幅度 52.9%。使用周线先行指标 CCI 判断大盘大顶一定要注意指数上涨的幅度原则上不能小于 50%，大盘涨幅小于 50% 且用比较长的时间才完成上升形态其积累的做空能量并不会特别强。因此，实战操作中，无论哪个指数，一拨中期级别以上的上升形态，指数涨幅小于 50% 是不能使用周线先行指标 CCI 判断大盘大顶的。

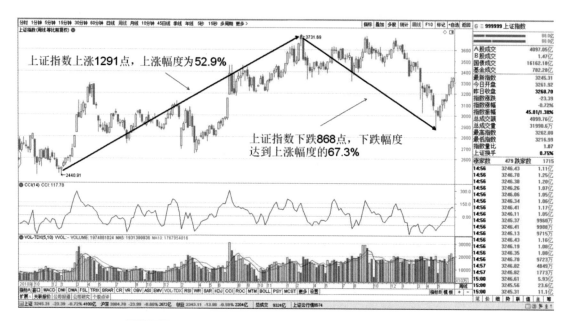

上证指数上涨1291点，上涨幅度为52.9%

上证指数下跌868点，下跌幅度达到上涨幅度的67.3%

图 9-11 上证指数下跌幅度是前一拨上涨幅度的 67.3%

　　既然上证指数本轮上涨幅度达到 50% 以上，其他市场特征都已经出现，投资者要做的是找机会卖出股票。使用周线先行指标 CCI 判断大盘大顶可能需要较长的时间符合条件的市场特征才会陆续出现。因此，只要看到大盘涨幅超过 50% 就要经常看看周线的先行指标 CCI 的市场特征是不是出现。如果出现，不用急于卖出股票，更不要为了短线利益继续买入新的股票，而要寻找卖出的机会，延后持币观望等待下跌。

　　2021 年 12 月 13 日上证指数日线收出十字星，次日跳空低开没有回补向下的跳空缺口，几个交易日后，先行指标 CCI 和逃顶抄底常用的 RSI 指标都被压制到中轴线下方，大盘中线形态走弱，这时如果还没有外力的作用就很难改变了（见图 9-12）。

　　以上证指数最后一个高点 3708 点计算，上证指数只用了四个半月就下跌了 845 点，跌幅达到 65.4%。如果以最高点 3731 点计算，上证指数跌幅达到 67.3%（跌幅是指数高点减去指数低点后除以上一拨上涨的点数）。上述大顶形态确立后，大盘指数要下跌中期上涨行情的 50% 以上，大盘跌幅小于 50% 只能说明下一个重要低点还没有出现。如果大盘大涨及构筑大顶过程中释放的做空能量比较少，大盘下跌的幅度可能达到 70%。因此，即使指数下跌 50% 也不要盲目进场做多，而应该使用包括先行指标

CCI 等方法判断底部是否出现再做是否进场做多的决定。

图9-12 上证指数收出高位十字星后跳空低开

四、根据先行指标 CCI 确认牛市结束不适合样本股较少的指数

上述方法不适合样本股较少的指数（上证 50 指数等）。因为样本股少，其中部分权重个股出现联动上涨或下跌会对指数影响较大，所以 CCI 的准确率就下降了。

一些成熟的投资者判断大盘涨跌主要看的指数是上证指数（999999）和深证综指（399106），因为这两个指数能够覆盖几乎全部股票，能够反映所有股票的走势。指数涵盖的股票数量越多，指数就更具有代表性，使用周线先行指标 CCI 判断大盘大顶的准确率也就越高。上证 50 指数和一些只能覆盖股票数量比较少的指数不能真正反映大多数个股的走势，不具有代表性。

五、上证指数历史上五次翻倍走势顶部特征分析

2015 年 6 月上证指数上攻到 6124 点，我们来看一下上证指数出现高点前后周线级别先行指标 CCI 是否出现了构筑大顶的形态（见图 9-13）。

使用先行指标 CCI 判断大顶、大底

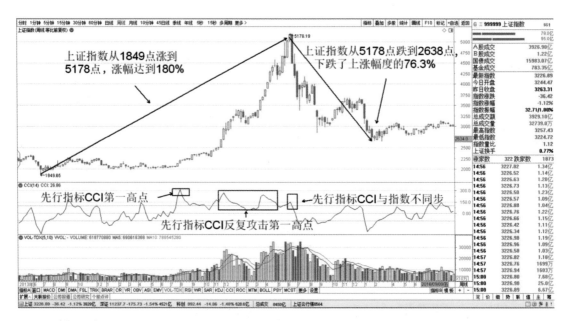

图 9-13 2015 年 6 月上证指数上攻到 5178 点，周线对应的先行指标 CCI 走出顶部形态

　　2013 年 6 月上证指数下探到 1849 点，完成了从 6124 点以来的下跌形态。其后上证指数震荡上涨，经过两年的上涨，上证指数上攻到 6124 点，累计涨幅达到了 180%。2014 年 8 月上旬周线先行指标 CCI 出现第一个重要高点 316.55，当时上证指数对应的点位大约 2200 点。由于上证指数涨幅不大，如果先行指标 CCI 能够在之后走出构筑大顶的形态，最保守估计上证指数也要上涨 900 点。换句话说，这个时候买入股票风险应该是比较小的。我们来看周线先行指标 CCI 之后的走势。2014 年 12 月上旬周线先行指标 CCI 上攻到 273 附近，完成了第一次攻击第一高点的任务。2015 年 3 月下旬周线先行指标 CCI 上攻到 248，完成了第二次攻击第一高点的任务。2015 年 6 月中旬上证指数上攻到 5178 点，先行指标 CCI 第三次上攻第一高点。但这次周线先行指标 CCI 只上攻到 148 就遇阻回落，第一次出现了周线先行指标 CCI 与上证指数不同步的形态，这预示着上证指数可能出现中期调整。这时候上证指数已经累计涨幅达到 180%，远远超过周线先行指标 CCI 构筑大顶形态的最低涨幅。2015 年 6 月 16 日上证指数跳空低开，当日下跌 3.47%，基本可以确立大盘中期调整已经开始。如果确认周线先行指标 CCI 构筑大底形态，其后上证指数至少会下跌之前上涨幅度的 50% 以上。由于上证指数累计上涨达到 3300 点，如果跌幅达到上涨的 50%，上证指数至少要下

跌 1700 点。换句话说，在上证指数没有完成 1700 点下跌之前，每一次买入股票都只能按下跌反弹操作，对于风险厌恶的投资者来说，要在指数下跌幅度小于 1700 点之前持币等待或寻机参与做空。

2015 年 7 月上旬上证指数下跌到 3400 点左右，下跌约 1700 点，理论上指数跌到这个位置可能已经完成下跌形态。其后指数出现了约 700 点的反弹后再次下跌，技术形态上没有发出构筑底部形态的特征，因此，我们可以认定上证指数并没有完成从 5178 点开始的下跌形态。操作上，上证指数如果继续下跌可以考虑寻机参与技术性反弹，在没有出现周线级别的底部形态之前不能盲目重仓持股。2016 年 1 月下旬上证指数下探到 2638 点，累计跌幅达到 76.3%，其后上证指数才开始构筑底部形态。我们假设如果周线先行指标 CCI 发出构筑大顶形态确认后卖出股票，耐心等到指数下跌 50% 以上再寻机做多，就可以顺利地躲过一次大级别的下跌。上证指数大跌 50% 以上，很多个股累计跌幅可能达到 70%，如果能够躲过这次大级别下跌，并在指数跌幅 50% 以上的时候再次进场做多，就能够实现收益最大化。笔者再次强调，周线先行指标 CCI 构筑大顶形态，如果指数上升过程中或构筑顶部过程中没有能够比较充分地释放做空能量，理论上指数下跌可能会超过 70%。

2007 年 10 月上证指数完成了一拨 500% 以上的上涨行情，周线先行指标 CCI 构筑完成了大顶形态（见图 9-14）。

2005 年 6 月中旬，上证指数从 998 点开始上涨。经过近一年的上涨，先行指标 CCI 出现了第一个重要高点。当时上证指数的点位已经接近 1700 点，涨幅已经超过 50%。理论上从这一时刻开始，周线先行指标 CCI 就有可能构筑大顶形态。构筑大顶形态的主要特征是周线对应的先行指标 CCI 反复攻击第一高点，当先行指标 CCI 与指数之间的运行形态不同步的时候，就预示着大顶即将或已经出现。2006 年 12 月下旬到 2007 年 8 月上旬上证指数周线对应的先行指标 CCI 三次攻击周线先行指标 CCI 的第一高点。2007 年 10 月上旬上证指数攻击到 6124 点，对应的周线先行指标 CCI 参数只运行到 125 附近，远远低于之前该指标几次冲高的位置。上证指数与周线先行指标 CCI 出现了明显的不同步走势，预示着上证指数周线级别先行指标 CCI 已经完成构筑大顶形态。

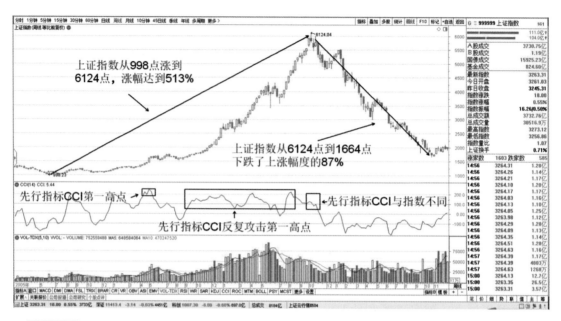

图 9-14 2007 年 10 月上证指数上攻到 6124 点，周线对应的先行指标 CCI 走出顶部形态

2007 年 10 月 17 日上证指数跳空低开并没有回补当日缺口，次日上证指数大跌 211 点，基本可以认定中期下跌形态已经形成。2015 年 11 月 2 日上证指数再次跳空低开，留下一个约 50 点的向下跳空缺口，其后指数持续下跌。短短的半个月的时间，上证指数两次出现跳空低开且不回补缺口走势，足以说明当时的做空能量已经非常强。对于很多投资者来说，上证指数已经有一定的跌幅，出现反弹是投资者想看到的走势。但是，当大顶形成之后，有些时候大盘可能有反弹，多数时候大盘不会出现反弹。各位投资者学习了周线对应的先行指标 CCI 构筑大顶形态，就不应该抱有幻想。既然构筑大顶的多数市场特征已经出现就不应该再等待反弹，投资者需要做的是直接降低仓位全线撤退，等待指数完成预期的下跌。上证指数从 998 点上涨到 6124 点，累计涨幅超过 5000 点。也就是说，上证指数至少要下跌 2600 点才可能企稳。

各位投资者都知道大盘之后的走势，上证指数从 6124 点只用了一年时间就下跌到 1664 点，下跌了上涨幅度的 87%。笔者清晰地记得，指数的这一轮下跌，很多个股跌幅超过了 80%，上涨过程中涨幅较大的包括有色金属等板块的个股跌幅超过 90%。如果能够在相对高位全线撤退，耐心等待指数出现 50% 以上的跌幅，等到周线对应的先行指标 CCI 发出企稳信号再进场做多，之后的一年多的时间收益应该是比较可观的。

对于多数投资者来说，大盘已经出现一定幅度下跌以后很难有耐心等待指数出现50%以上的跌幅。因为指数下跌过程中会出现多次技术性反弹，可能很多个股的反弹力度比较大，这足以吸引很多投资者进场做多。如果投资者能够很好地制定操作策略，设定好止盈点、止损点，理论上应该有机会实现盈利。但对多数投资者来说，买入股票不盈利就不卖，喜欢这样操作的投资者很可能在反弹过程当中追涨，如果不能及时离场，深套不可避免。

2008年10月下旬上证指数结束了长达一年的大幅下跌，之后的8个月上证指数从1664点上涨到3478点，再一次出现了指数翻倍的走势（见图9-15）。

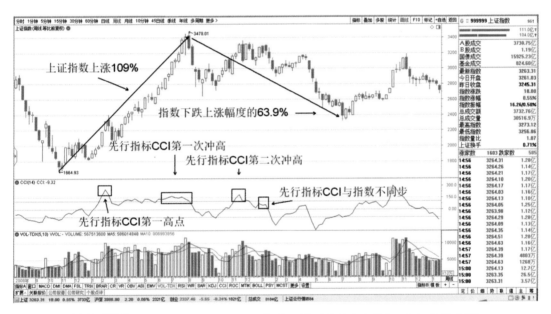

图9-15 2009年8月上旬上证指数周线对应的先行指标CCI构筑大顶

上证指数的这一次上涨属于对前期大幅下跌的修正，由于前期跌幅非常大，指数反弹的力度也比较大。上证指数从1664点上涨到3478点，累计涨幅达到109%。2009年2月中旬，周线先行指标CCI运行到254，出现了第一个重要高点。由于指数上涨的幅度小于50%，暂时不能使用根据周线先行指标判断大顶的方法。如果这个时候上证指数发出卖出信号，比如说，K线形态发出卖出信号，技术指标发出卖出信号，成交量出现异常，就要防范短期风险。如果指数继续上涨且涨幅超过50%，就应该注意先行指标CCI会不会出现构筑大顶的形态。周线对应的先行指标CCI出现反复冲高攻击第一高点，只要没有出现周线对应的先行指标 CCI 与股价指数不同步的走势，即指数继续创新高周线先行指标 CCI 不能同步向上运行，就要考虑全线撤退。

2009 年 12 月下旬，上证指数再次冲高，周线先行指标 CCI 没有同步向下，说明做空能量已经很强，出现级别较大的大顶形态基本成立。这个时候从表面看大盘走得可能还比较强劲，很多投资者根本没有风险意识。但是既然周线对应的先行指标 CCI 已经发出了已经构筑完成大顶的信号，就应该果断卖出手中所有股票，然后耐心等待指数下跌。2010 年 2 月上证指数完成了调整，累计跌幅超过 1000 点，累计下跌幅度是之前上涨幅度的 63.9%。很多时候市场的风险出现前并没有特别明显的信号发出，更重要的是大级别的上涨形态结束构筑大顶需要用的时间可能比较长。这个过程中会有很多市场机会吸引投资者继续做多，反复做多。很可能在某次操作中没能及时离场导致短线被套，当大盘中期调整开始以后，多数投资者可能会选择被动持股等待解套，也许一两年，也许更长时间投资者都是处于被套状态，既错过了下跌过程中的反弹，也会错过出现大底时买入廉价筹码的机会。

第十章

股市实战经典案例

第一节 散户也能做主力

一、股价突破下降趋势线预示着即将转强

2014 年 3 月 12 日收盘金种子酒的 K 线形态符合短线上涨条件。所谓的上涨形态就是投资者所习惯说的底部形态。底部形态分为阶段性底部和超级大底，阶段性底部是指数下跌过程中具备反弹条件时的形态，超级大底是牛市大级别调整结束或牛市第一浪启动前的形态。

2013 年 12 月 12 日金种子酒结束反弹开始正式下跌，当天股价最高点是 11.1 元（前复权计算），2013 年 12 月 26 日股价下跌到 9.31 元获得支撑，2013 年 12 月 31 日出现反弹高点 10.14 元。由于 11.1 元是新一轮下跌的起点，另一个反弹高点 10.14 元是下跌形态的第一个反弹高点，这两点的连线的延长线就是该股的下趋势线（见图 10-1）。

图 10-1　金种子酒下跌趋势线形成

正常情况下，只要股价在这条下降趋势线的下方运行，就可以认为金种子酒还处

于弱势区域，就算有反弹出现，其力度也不会很大。相反，只要股价有效突破这条下降趋势线，即使股价短线随着下降压力线同步下行，也不用担心。原因很简单，因为大盘的形态已经转强，所以只要符合下面的条件，投资者就有机会把握一次较好的短线获利机会（见图 10-2）。

图 10-2　金种子酒突破下降趋势线遇阻再次下行

金种子酒日 K 线回踩下降趋势线获得支撑，说明下降趋势线已经对股价有一定的支撑。大盘突破下降趋势线后，一般情况下会对下降趋势线做一次或多次确认，确认成功后股价就具备反弹或上涨条件。我们再来看看金种子酒的走势（见图 10-3）。2014 年 2 月 26 日，金种子酒的股价创出调整新低 7.8 元（前复权计算），这个低点与 2013 年 12 月 12 日金种子酒的 11.1 元的股价（前复权计算）和 12 月 31 日出现反弹高点 10.14 元的连线延长线较为接近。如果股价短期内跌破这条延长线，金种子酒就会再次转弱，而金种子酒却在这个位置获得支撑并在当日低点上方横盘震荡 9 个交易日。股价连续横盘说明金种子酒的下跌动能已经很小，继续创出新低并向下破位的可能性不大。

2014 年 3 月 11 日开盘后金种子酒的空方打压股价未果，证明做多能量已经具备出现技术性反弹的条件。3 月 11 日金种子酒早盘股价再次创出新低，如果真的股价向下破位，就说明新一轮的下跌开始了。但金种子酒的走势却让很多投资者感到意外，金种子酒早盘跳空低开，短线股价快速打压后抛盘明显减少。这样的盘口特征再一次说明该股短线的做空能量非常弱，虽然在 10 点 30 分之前还不能确认金种子酒要出现短线大涨，但至少可以认为即使股价不出现上涨，短线也没有多大的下跌空间。因此，对于风险偏好的投资者来说，这时候就可以考虑进场。10 点 30 分之后，股价开始反弹，反弹过程中成交量很小，但笔者注意到股价反弹过程中的回调成交量就更小了，也在说明股价向下的动力很弱。

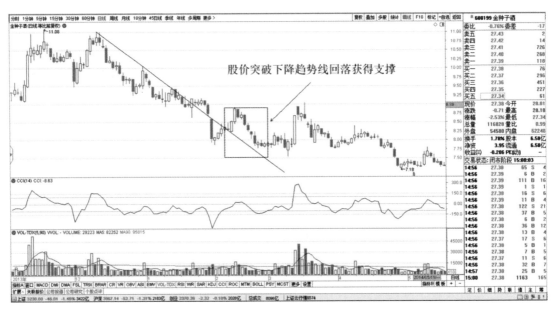

图 10-3　金种子酒突破下降趋势线获得支撑

　　多数投资者看到反弹成交量很小往往会认为反弹力度不足，随时会再次下跌，这样的想法在某种条件下是正确的。但我们的投资者多数只看到表面现象，比如说，金种子酒反弹无量，而没有考虑这个阶段关于成交量变化的前提条件。笔者所说的前提条件是指股价短线跌幅较大，底部特征明显，个股出现反弹的最初阶段不可能有较大的成交量，因为多数持股的人都在赔钱，这些投资者赔钱是不会轻易卖出股票的。随着股价反弹，特别是出现几个点的上涨之后，成交量才会慢慢放大。当成交量放大到一定比例，就是股价再次下跌的信号。

　　3 月 11 日下午金种子酒股价翻红，股价小级别上涨的幅度也开始加大，每一小拨上涨的幅度都在 2% 左右，股价上涨的时间都不超过 20 分钟，可以说股价上涨的幅度和上涨的时间非常匹配。10 点 30 分以后股价的走势说明有资金开始慢慢收集筹码，这段时间理性资金在做最后的筹码收集。由于股价从早盘的低点 7.57 元到盘中高点 8.06 元已经出现了 6.5% 的涨幅，一部分浮亏较少或者在 2 月 26 日到 3 月 10 日短线买入的获利盘可能会选择卖出。也就是在这个时候，买盘和卖盘处于平衡状态。这也是为什么 3 月 11 日 14 点以后，金种子酒的股价开始横盘整理。笔者写到这里，又一个值得注意的市场特征出现了，这个市场特征就是成交量明显萎缩。成交量萎缩再次告诉投资者金种子酒短线做空能量非常弱，股价上涨的条件越来越成熟。

二、股价突破实现后回踩确认支撑有效说明已经开始转强

我们再来看看金种子的日 K 线图（见图 10-4）。3 月 11 日金种子酒以带长下影线的中阳线报收，对应的相对强弱指数 RSI 第三次回到中轴线附近，股价盘中创出新低，反映买卖力量的技术指标却在平衡区域震荡，这足以说明金种子酒做多能量离正式释放应该不远了。

图 10-4 金种子酒日线对应的 RSI 指标发出转强信号

三、股价频繁攻击 20 日均线也是转强信号

再来看看金种子酒的 20 日均线与 K 线之间的关系（见图 10-5）。3 月 5 日、3 月 10 日，金种子酒的股价高点两次都刚好运行到 20 日均线附近遇阻回落。大家都知道，股价长期低于 20 日均线说明这个股票处于弱势区域，而最近 4 个交易日股价两次上攻 20 日均线至少可以说明两件事：第一件事是股价上攻 20 日均线的频率很高，我们可以把这个阶段理解为试盘。第二件事是股价 3 月 5 日上攻 20 日均线时成交量放大，成交量放大说明股性开始活跃，说明有更多的投资者参与盘中交易。股价大幅下跌后开始活跃也说明其即将反弹。但需要强调的是股价活跃后成交量不能出现明显放大的迹象，如果成交量过大，股价可能会出现单日盘中大涨后再大幅回落的走势。

图 10-5 金种子酒股价反复攻击 20 日均线，形态慢慢转强

四、激活股价是涨停的关键环节

再来说说当日金种子酒为什么会涨停。股价能够涨停主要有两个原因。第一个原因是集合竞价时笔者在前收盘价格附近挂出较大的买盘刺激了一些一直关注这个股票的机构投资者和中小投资者（见图 10-6）。记得当天集合竞价笔者在 8.06 元挂单 5 万

股，8.05 元挂单 5 万股，8.04 元挂单 5 万股，依次往下的价位每个价位都挂单 5 万股，集合竞价直接挂单的金额几百万元。一直关注这只股票的投资者看到这些挂单，很容易认为有大资金要进场做多。当金种子酒出现活跃迹象的时候，关注或已经持有这类个股的投资者就会等待自己认为的机会进场买入。开盘后短暂地出现了一些卖盘，笔者挂在 8.02 元到 8.06 元之间的买盘都成交了，这时候笔者并没有将 8.02 元以下的买盘撤单，当时的盘面给关注这只个股的投资者的感觉是有大资金在 8 元附近坚决承接抛盘。第二个原因是短线游资看到股价被激活，短线大举介入。游资最大的一个操作特点就是利用资金优势短线快进快出活跃度较好的个股，并获得预期的收益。预期收益不会很多，有的时候游资每股平均盈利可能只有 1% 就会获利了结。3 月 13 日早盘股价因为笔者主动挂单激活了股价，符合一些游资短线参与的条件。股价短线几次抛压都获得支撑，游资进场也就合情合理了。

成交日期	成交时间	证券代码	证券名称	买卖标志	委托价格	委托数量	委托编号	成交价格	成交数量	成交金额
20140313	09:25:00	600199	金种子酒	证券买入	8.060	50000	234	8.060	1360	10961.60
20140313	09:25:00	600199	金种子酒	证券买入	8.060	50000	234	8.060	14800	119288.00
20140313	09:25:00	600199	金种子酒	证券买入	8.060	50000	234	8.060	1000	8060.00
20140313	09:25:00	600199	金种子酒	证券买入	8.060	50000	234	8.060	300	2418.00
20140313	09:33:55	600199	金种子酒	证券买入	8.060	50000	234	8.060	100	806.00
20140313	09:33:59	600199	金种子酒	证券买入	8.060	50000	234	8.060	500	4030.00
20140313	09:34:06	600199	金种子酒	证券买入	8.060	50000	234	8.060	31940	257436.40
20140313	09:34:24	600199	金种子酒	证券买入	8.050	50000	237	8.050	4500	36225.00
20140313	09:34:27	600199	金种子酒	证券买入	8.050	50000	237	8.050	17000	136850.00
20140313	09:34:39	600199	金种子酒	证券买入	8.050	50000	237	8.050	1000	8050.00
20140313	09:34:45	600199	金种子酒	证券买入	8.050	50000	237	8.050	1000	8050.00
20140313	09:34:47	600199	金种子酒	证券买入	8.050	50000	237	8.050	900	7245.00
20140313	09:34:49	600199	金种子酒	证券买入	8.050	50000	237	8.050	5000	40250.00
20140313	09:34:53	600199	金种子酒	证券买入	8.050	50000	237	8.050	200	1610.00
20140313	09:34:54	600199	金种子酒	证券买入	8.050	50000	237	8.050	10900	87745.00
20140313	09:34:55	600199	金种子酒	证券买入	8.050	50000	237	8.050	9500	76475.00
20140313	09:35:11	600199	金种子酒	证券买入	8.040	50000	239	8.040	1000	8040.00
20140313	09:35:14	600199	金种子酒	证券买入	8.040	50000	239	8.040	49000	393960.00
20140313	09:35:14	600199	金种子酒	证券买入	8.030	50000	240	8.030	46000	369380.00
20140313	09:35:37	600199	金种子酒	证券买入	8.030	50000	240	8.030	300	2409.00
20140313	09:35:44	600199	金种子酒	证券买入	8.030	50000	240	8.030	3700	29711.00
20140313	09:36:40	600199	金种子酒	证券买入	8.020	11300	241	8.020	1500	12030.00

图 10-6　2014 年 3 月 13 日金种子酒集合竞价成交明细

投资者如果在集合竞价时看到有大单挂出且比较坚决地等待成交就可以考虑短线介入。短线股价没有上涨，就要考虑获利了结。金种子酒在笔者早盘挂单坚决买入和游资短线参与的作用下，当日股价以涨停板报收。由于笔者使用的是短线策略，股价涨停后要考虑的就是撤退，坚决离场就是这次操作的最后一个环节，也是最重要的一个环节。金种子酒股价出现涨停是人为的原因，个股受外力影响股价短期改变原来的运行轨迹，其持续的时间会很短暂，只要遇到抛压，股价就会再次下跌，回到之前的下跌趋势。假设涨停的第二天笔者不把所有的股票都卖出，也许会赔钱（见图10-7）。3月18日股价创出短线新高9.1元后正式下跌，3个月后股价下跌到6.71元，下跌幅度达到26%。股价再次回到9.1元需要上涨36%，因此，如果遇到这样的短线机会，千万不要犹豫，获利后果断离场才是成熟的投资者的选择。

图10-7 金种子酒短线卖出后的3个月下跌26%

投资者看到这次操作以后，可能会觉得有些不可思议——让一只股票涨停怎么可能用几百万元资金就能做到呢？实际上笔者的操作策略是典型的四两拨千斤的方法，这种方法只能短期影响股价的走势，不会根本性地改变股票的运行轨迹。因此，当我们达到预期目的的时候，就要坚决离场。如果贪婪，也许很快就会把赚到的钱赔回去，也可能出现更大的亏损。

五、外力只会短暂影响指数或股价趋势

下面介绍短线获利坚决离场的原因。大盘的走势、个股的走势、外汇、大宗商品

等这些投资工具都有自身的运行轨迹，一般情况下没有外力影响，这些品种都会按照自身的运行轨迹运行。但是，如果有外力影响，比如说，短期内有大的资金集中做多就会让大盘或个股加速上涨。我们来举几个例子。2015年上证指数持续上涨（见图10-8），短短半年时间股价出现了少见的疯狂，直到6月12日才开始正式调整。上证指数上半年大幅上涨的一个重要原因就是资金供给出现了成倍的增长，伞形信托高比例配资，融资杠杆大幅提高增加了资金供给，大盘在短时间内在这股资金的推动下大幅上涨也就合情合理。但是当这股力量减弱时，大盘就会回到其自身的运行轨迹中，大盘出现大跌也是一种必然。在大盘下跌之前，如果投资者还沉浸在大盘上涨的喜悦中，忘记了大盘上涨是因为突增资金导致的，其结果不难想象，出现巨额亏损几乎没有悬念。

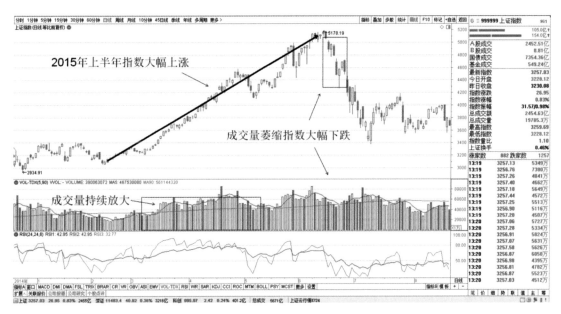

图 10-8　2015年上半年大盘放量上涨

另一种情况是突发利多政策。当大盘出现大幅下跌的时候，多数的投资者都会期待政府救市，而前些年，大盘大跌政府为了维持稳定出台一些救市措施也是常见的事。政府出台利多政策对股市来说也是一种外力，直接影响了股市自身的运行轨迹。就算利多让大跌的股市出现上涨，也很不会让股市改变原来的运行轨迹，重新回到之前的运行轨迹只是时间的问题。

　　下面我们再来举个例子。2008年9月19日前上证指数出现了大幅的下跌（见

图 10-9），指数从 2007 年 10 月 16 日的 6124 点下跌到 1800 多点还没有止跌的迹象。9 月 18 日晚上，公布了力度较大的利多政策，次日（9 月 19 日）开盘的所有股票都已涨停报收，从表面上看，管理层出台的政策可以说起到了稳定股市的作用，让极度悲观的投资者看到了希望，让踏空的投资者疯狂追涨。第二天、第三天大盘还在大幅上涨，股价从 1800 多点涨到了 2300 多点，很多股票连续三天涨停。正当多数投资者期待牛市已经出现的时候，正当投资者大举买入股票的时候，大盘急转直下，仅用了几周时间就从 2300 多点跌到了 1664 点。

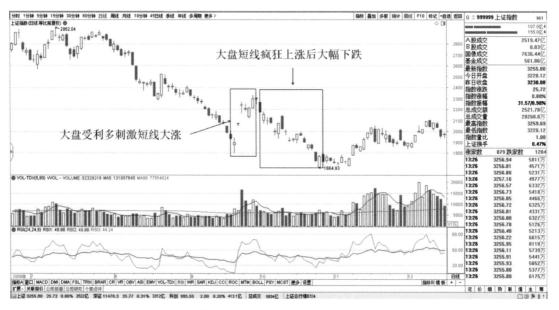

图 10-9　大盘受利好刺激短线大幅上涨

还记得那一次惨烈的下跌吧？下跌的最后几周很多投资者账户市值出现了 30% 到 60% 的亏损。大盘出现这样的走势，投资者在短时间内出现亏损的一个重要原因就是外力短期改变了大盘自身的运行轨迹。因为政府出台利多政策这个外力让本来已经是强弩之末的做空能量再次快速聚集。当外力对大盘的影响下降时，市场的自身运行规律再次发挥作用，使指数重新回到下跌趋势，大盘短线出现大幅下跌也就可以解释。假设没有 9 月 19 日的利多刺激，大盘不出现短线的大幅上涨，上证指数也会在之后的一小段时间将本来已经很弱的做空能量充分释放，也许大盘不会跌到 1664 点就能企稳。当有外力影响，当下跌趋势没有结束之前，如果因为外力的影响短线大幅上涨，投资者要冷静对待，卖出手中的个股才是正确的选择。

再看看我们利用集合竞价挂单刺激股价大涨后发生了什么。金种子酒涨停之后的几个交易日，股价在涨停板上方短暂震荡就再度向下运行，股价不久以后就轻松地创出了新低。如果笔者不在涨停板的第二天坚决全仓卖出，就可能出现大额亏损。笔者所用的策略只能短时间地影响股价，因为当那些追涨的游资意识到短线追涨把股价拉到涨停是被我们的策略利用了，就会找机会快速出逃，即使我们不出，这些短线游资也会大举减仓，股价下跌是早一天晚一天的事，因此，这时候一定要态度坚决，不能抱任何幻想。

外力影响股价改变原来的运行趋势后，只要外力消失，股价就会回到原来的趋势。即使笔者不卖出股票，即使短线游资不卖出股票，其之后的走势也是一样，唯一的区别是下跌的速度慢一点，下跌的空间小一点。本来写到这里应该结束本章，但是，考虑到利用集合竞价选择短线个股可能给投资者带来一定的收益，就再多说几句。

（1）投资者每天早上 9 点 15 分集合竞价开始以后要认真观察委比异常的个股。

（2）有异常委比的个股开盘后要密切跟踪。

（3）看到不合常理的集合竞价要重点跟踪。

（4）慢慢体会集合竞价主力的真实想法。

（5）看清楚、想明白就坚决出手。

第二节　如何狙击短线牛股

一、不同市场环境使用不同的方法选股

在实际的交易过程中选择股票的方法很多，但要学会在不同的阶段选择不同的方法，只有这样才能在牛市、熊市都有机会赚到钱。多数中小投资者买卖股票是靠感觉、靠听别人说，还有的是听股票、追热点，这些买卖股票的方法最终实现盈利的可能性不大，也许在大牛市中能赚到一些钱，但到了下跌阶段还用这些方法却出现亏损甚至严重亏损就不可避免了。另外，有些投资者学了一种方法以后就认为可以在股市里面

赚很多钱。笔者认为，这种情况是有可能的，但却需要有一个前提，因为某些方法只能在某一个特定的阶段使用才有效。比如某种买入股票的方法只适合上升阶段，股票处于大级别回调时的反弹使用这种方法一定会失败。很多投资者都知道使用笔者独创的形态理论和时间通道理论判断大盘的走势的准确率很高，但这些理论在不同的市场环境中也会选择不同的条件。所以，投资者学会一种判断市场的方法对投资者会有帮助，但一定要弄清楚这种方法的原理，因为有时看上去 K 线形态很像的两只股票最后的走势截然不同，甚至走势可能是相反的。

下面介绍一种比较简单但很实用的方法，简单点说就是主力准备短线拉高个股前，投资者可以根据一些市场特征在主力启动个股之前悄悄潜伏，寻找到符合相应条件的股票并按照条件建仓，一到三个交易日完成买入到卖出的全过程。正常情况下使用这种方法，短线操作整体盈利的机会还是比较大的，这种方法笔者称为"狙击短线牛股"。

二、跟踪持续下跌到时间周期的个股

我们先来谈谈时间周期。目前应用比较广泛的时间周期理论有两种：江恩时间周期和斐波那契数列。我们主要使用的是斐波那契数列。斐波那契数列是以一组数列：0、1、1、2、3、5、8、13、21、34、55、89……也是从一拨趋势的底部或顶部开始，在这组数的时间点附近，大概率出现反转或者回调结束继续趋势等情况。（斐波那契数列的特点：每一个数都等于前两个数之和；从第三个数开始，后一个数除以前一个数的结果非常相近。）

笔者经过 30 年的学习，对大盘和个股的时间周期有了比较深刻的了解。很多时候有一定比例的个股的走势是按照自己的独立的运行周期来完成，这样的个股往往不太会受大盘小级别的涨跌影响，我行我素是这类个股的典型特征。

一般情况下，我们跟踪的持续下跌到时间周期的个股中的周期是指斐波那契数列，比如说某只个股出现高点时持续下跌 21 个交易日、34 个交易日甚至是 55 个交易日，在这个下跌过程中，股票基本没有出现一次级别较大的反弹。如果股票下跌过程中出现级别较大的反弹，这种情况就不能算持续下跌。和大家解释一下级别较大的反弹是如何界定的。假设某只个股从高点下跌到一个阶段性低点，下跌过程中出现反弹的幅度只要不大于反弹前最后一段下跌的幅度的 1/3，就可以认为这样的反弹级别不够大。如果下跌过程中的反弹幅度只有前一段下跌幅度的 20% 以内，就可以认为个股下跌幅度可以忽略不计，股价下跌到某个时间周期出现反弹的机会就非常大。比如说宁波精达从高点到低点持续下跌 21 个交易日后走出较强的反弹行情（见图 10-10）。

图 10-10 宁波精达持续下跌 21 个交易日

有的时候个股下跌的周期并不能完全与斐波那契数列吻合，比如说有时候个股下跌的时间比斐波那契数列的时间少了一天，也有的时候会多了一天，这种情况在实际交易过程中是时常发生的。因为完整的时间周期包括上涨和下跌两个阶段，有的时候个股出现高点的时间比上升周期多了一天，那么股票下跌时下跌的周期就可能会少一天，相反，股价上升的时间周期未到就开始下跌，其下跌的时间可能就会超过正常的下跌周期。当我们跟踪的个股持续下跌，接近时间周期时，就要密切关注这些个股的走势，只要符合聚集短线牛股的条件，就要准备随时进场。

三、中线下跌是股价上涨的基础

笔者经常会说的一句话是指数或个股大幅下跌对投资者来说是最大的利多，可能很多投资者很难深刻地理解这句话。笔者认为，大盘和个股大幅下跌完成自身的运行轨迹，有没有利多都会涨，而且上涨的基础非常扎实。多数投资者往往会认为利多指的是降息、降准，停发新股、降低印花税等消息，笔者也认为这些消息是利多，但这些消息不能够改变大盘和个股运行的趋势，指数和个股上涨的基础也不扎实。因此，这些消息只会影响大盘和个股短线的运行轨迹，而不会真正改变大盘和个股的运行轨迹。

我们来举个例子。2008 年 9 月 18 日晚出台了三个重量级的消息，分别是印花税单边征收、汇金增持银行股、国资委支持央企回购股票。这样的消息出台以后，大盘大幅上涨是必然的走势，但这样重大的利多也很难改变大盘自身的运行轨迹，只要大盘下跌形态没有走完，大盘受利多消息影响短暂反弹后还会继续下跌。我们来看看当时大盘的走势。9 月 19 日开盘，上证指数跳空 172 点开盘，开盘指数就接近大盘涨停，指数稍作回落就稳定在 2075 点。上证指数走到 2075 点时除了一两只庄股外，基本所有个股都已涨停报收。次日上证指数继续大涨 7.77%，4 个交易日后大盘上涨到 2333 点。从消息公布当天收盘到 5 个交易日后的高点，大盘上涨了 23%，当几乎所有投资者都在兴奋地认为新一轮牛市已经开始的时候，大盘开始下挫，之后的 18 个交易日，大盘从 2333 点跌到了 1664 点，这个阶段很多股票出现了 50% 左右的跌幅。投资者了解了这段市场走势，应该对利多消息对指数的影响有了更深刻的认识，期望各位投资者不要特别看重利多消息，而应该更多地学习大盘和个股自身的运行轨迹，应该学会在大盘和个股出现中线下跌后再寻找买入机会，而不能盲目地、没有依据地频繁操作，只有这样才有机会在股市中赚到更多的钱。

四、 技术形态是确定潜伏目标的条件

根据技术形态确定目标其实很简单，只需要去观察以下两个市场特征。第一个是跌幅。前面我们已经谈到了个股中期下跌幅度在 20% 到 50% 就符合条件。笔者所说的下跌幅度是从最高点开始计算，用高点的股票价格减去低点的股票价格再除以高点的股票价格。很多投资者在计算幅度时会除以低点的股票价格，这样得出来的数据是涨到高点的幅度，不是下跌的幅度。举个例子，某只个股高点是 100 元，低点是 60 元，那么这个股票的跌幅是 40%。

第二个是技术形态。这里所说的形态主要指是否出现股价下跌放缓日线收出十字星或者出现阳线多阴线少的K线组合。我们来看紫金矿业（601899）的日线图（见图10-11），股价经过20多个交易日的下跌，下跌速度明显放缓，2008年5月30日收出了一颗标准的早晨之星。我们来解释一下股价下跌速度放缓。大家都知道，个股下跌的主要原因是做空能量因为股价前期大涨或新股上市开盘定位过高累积了非常大的做空能量，股价在这股力量的作用下震荡下行，股价开始下跌的时候由于有大量的获利盘，很多持有股票的投资者看到股票的运行趋势发生了改变，就会积极地抛售，这就是导致个股下跌初段跌幅比较快的原因。股价下跌一定幅度以后，短线的做空能量开始下降，获利盘减少，股价的下跌速度也就会放缓，这个阶段多数个股还会出现被套投资者进场补仓抵抗，也是股价下跌放缓的主要原因。如果股价放缓后出现十字星形态，基本上就可以确认这个时候的多空能量已经从空方占优势转变为平衡状态或多方略占优势，也可以说大盘或个股即将具备或已经具备反弹条件。

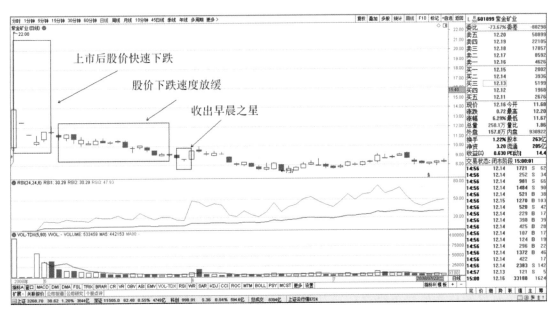

图10-11 紫金矿业下跌形态的三个阶段

K线呈现阳线多阴线少或股价震荡中心上移表明多方能量已经悄悄地占据优势。我们看安洁科技（002635）的K线图（见图10-12），2014年3月28日安洁科技股价见底后的12个交易日，其中有6根阳线、6根阴线，表面上看阳线和阴线各占

50%，但我们注意到，6根阴线中有两根阴线是高开收阴的，实际上是上涨的K线。因此，这12个交易日股价上涨和下跌的比例关系是2∶1。

图 10-12 安洁科技（002635）的K线图呈现阳线多阴线少

笔者再解释一下为什么要强调阳线多、阴线少的K线组合形态。个股经过一段时间下跌后阳线多阴线少说明多空能量发生了变化。个股下跌过程中，空方主导股价运行轨迹，个股下跌一段时间后，多空双方会出现短暂的平衡状态，也可以说，多空双方势均力敌。当个股运行到这个阶段后，就会有一些先知先觉的资金开始慢慢地进场做多。一般情况下，这类资金采取的策略是在自己认为合理的区域挂单等待成交，当股价跌到这个区域后即使大盘继续下跌，都不会改变策略，笔者把这样的买盘称为被动性买盘。当被动性买盘出现后，就距离个股出现低点不太远了。这个阶段也就是个股从空方主导股价向多空平衡阶段转变的过程。

随着被动性买盘越来越多，空方的抛压就会被这股力量抵消，个股的运行形态也就会向下一个阶段转换。这个阶段是个股正式反弹前的最后一个低位进场的时机。这个阶段的一个主要特点是参与个股的部分投资者开始从之前的被动等待逢低买入转变为主动出击，也可以说是从被动性买入转变为主动性买入。投资者操作策略的变化也就会在K线上表现出来，个股的K线出现阳线的可能性就比较大。需要强调的是，主动性买盘实际上会有两种情况，第一种是限制买入区域，第二种是主动追涨买入。大盘或个股从弱转强的过程中出现的主动性买盘往往是主动性买入，但会限制买入区域。所以，我们就会在股价正式上涨前看到阳线多阴线少的 K 线组合。

再来看看跨境通（002640）上涨前的走势（见图 10-13）。2014 年 2 月 28 日见底后到 4 月 2 日正式向上突破共运行了 23 个交易日，其中阳线 15 个交易日、阴线 6 个交易日，另外两个交易日是以 T 字线报收，但收盘却是上涨的。这样的 K 线形态表明，多空双方的能量已经发生变化，多方经从被动性买入到主动性买入阶段，股价距离上涨已经不远了。之后的一段时间，股价受利多消息刺激大幅上涨，8 月 27 日股价涨幅已经达到 4 倍。

图 10-13 跨境通（002640）上涨前 23 个交易日中阳线 15 个交易日、阴线 6 个交易日

五、成交出现地量是形态成立的关键

成交量是判断个股是否出现高低点的重要指标，很多投资者对成交量的理解不是很深刻，经常会出现错误的判断。正常情况下只要投资者能够真正懂得不同阶段成交量传递的信息，就会比较容易利用成交量的变化判断市场、判断个股的高低点。

笔者给大家举个例子。2015 年 6 月 12 日大盘结束了一拨疯狂的上涨后开始下跌，

8月26日上证指数跌到了2850点后企稳。由于大盘下跌得过于惨烈，大盘下跌到低点最初的反弹成交量还是比较大的，这个阶段说明投资者极度恐慌，担心大盘反弹后再次下跌。随着指数慢慢走稳，大盘的日成交量开始萎缩，上海市场日成交量从下跌初期的4500亿元左右萎缩到9月底的1600亿元。这段时间大盘的成交量萎缩多数投资者都能理解，这里不做过多的解释，笔者要和大家谈的是大盘开始上涨的成交量变化。成交量越大，说明多空分歧越大；成交量突然放大，出现倍数甚至几倍的放大，说明市场出现了严重的分歧，如果是在上升趋势中，大盘随时都会出现大级别调整。

2015年9月18日到9月30日上海市场的成交量已经萎缩到地量阶段，地量的出现说明大盘的做空能量已经充分消化，指数上涨只是时间的问题。国庆节后开盘的第一个交易日，上证指数跳空100点开盘，说明维持了一个月的多空平衡已经被打破，多方优势明显，当天上海市场的成交量放大到2588亿元。当天很多投资者对我说成交量太小了，大盘应该涨不住。我的回答是如果今天真的出现特别大的成交量，比如说5000亿元以上，那大盘反弹几天后就会再度下跌，并具备创出新低的能力。我这样说，很多投资者都不能理解。大盘开始上涨，无论是反弹还是反转都需要成交量的配合，如果成交量不放大，大盘是不可能真正走强的。相反，如果大盘刚开始反弹就出现很大的成交量，说明多空分歧很严重，指数刚开始反弹，空方就愿意抛出手中的个股并期待指数继续下跌。这个时候，如果成交量出现1倍甚至几倍的放大，那么大盘反弹夭折几乎可以确认。

投资者也应该看到过大盘经过持续下跌后横盘整理，多空双方在横盘阶段重新聚集能量的过程，也可以说哪一方能量聚集得强，大盘就会向那一方倾斜。如果多方强大盘就会走出类似10月初的走势，如果空方强投资者就会看到平台破位后大幅下跌的走势。

我们注意到10月初大盘反弹成交量比较温和，说明多空分歧不是很大，这就为大盘之后的反弹铺平了道路。随着指数的反弹，大盘健康的走势是指数上涨温和放量，大盘短线调整，成交量明显萎缩，这说明投资者持股信心较强，不太在意指数回调。11月5日指数再创新高，成交量再次放大，这个阶段说明市场开始有分歧，但大盘上升趋势确立，新增资金进场可以增强多方的力量，让大盘继续上行。相反在这个阶段如果成交量不放大，就没有足够强的做多能量推动指数上行。投资者应该明白在指数反弹初段是不能放大量的，随着指数进一步反弹成交量要进一步放大。只有这样的量价配合，大盘才能走得更远。

我们再谈谈狙击短线牛股底部时成交量具有什么样的特征才可以考虑短线出击。投资者只需要记住下面的这段话，个股符合买入条件前会出现单日地量（见图 10-14）（地量指的是地量当日成交量低于 5 日均量的 70%）。符合条件的个股在上涨的前 5 日或者 10 日的成交量都不大，其中一天会出现很低的量，这个量就是地量；如果出现这种情况才符合条件，说明这种做空的能量已经释放到极限了，股票已经具备短线拉出长阳线的能力。跨境通大幅上涨前成交量出现了持续地量，正式上涨前，成交量出现了单日地量。

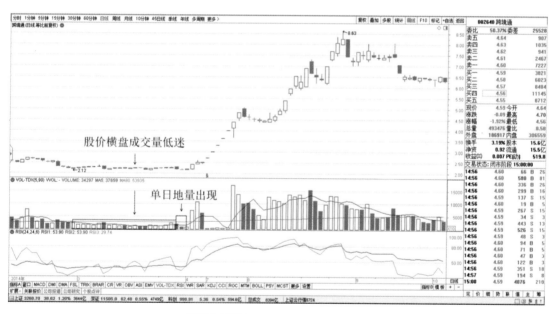

图 10-14 跨境通出现单日地量

六、窄幅震荡是发力前的特征

当投资者看到之前的市场特征后，就要跟踪这类个股。每天开盘后目标股只要出现股价在前日收盘价附近窄幅震荡，震荡区间在 2% 以内，就必须密切关注，因为这样的走势可能是短线即将爆发的最关键的阶段。一般符合上述条件的股票在当天就会出现起涨点，也就是会在当天的某个时间点上突然向上发力并拉出长阳线（见图10-15）。2014年4月2日跨境通上涨当天开盘后的阶段就在做窄幅震荡，这种情况说明有主力资金已经在控制股价，对持有股票的人做最后的清洗。如果这个阶段，大盘的走势很不好，比如出现1%以上的跌幅，目标个股还是横盘整理，不受大盘短线走势影响，那么，目标股当日出现大幅拉升的可能性就更大了。

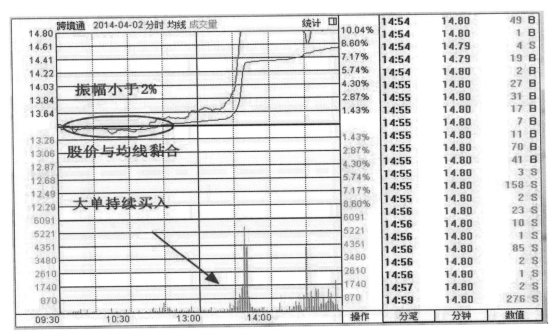

图 10-15 跨境通股价与均价线黏合，出现大单持续买入股价涨停

七、股价大涨前盘口会出现主动性买盘

什么是主动性买盘呢？股票以卖价成交的就是主动性买盘，无论是卖一、卖二成交的都算主动性买盘。股价上涨了，之前的主动性买盘的成交价变成了买一，这时候以这个价成交的就不能称为主动性买盘。主动性买盘就是投资者直接去买挂出的卖单并以挂出的卖价成交。

当我们看到前面的市场特征都符合时，就要寻找当日振幅较小的个股。可能很多投资者觉得这样的股票从近3000只个股中选很难，至少要把所有的股票都翻一遍才能找到。实际上不需要这样做，只需要在开盘以后的振幅排名里找一下振幅小于2%的个股就可以。在选择振幅小的股票的时候要把低价大盘股剔除，因为这类个股每天的振幅都很小，多数个股的振幅在 2% 左右。但是这类个股的股性很差，不符合笔者谈到的这种选股方式。在选股时一定要选股性好的，只有这样的个股才能成为我们狙击的目标。

当我们发现符合上述条件的个股时就要认真地观察目标股的盘口变化。笔者先说几个细节，因为这些细节将决定目标股是否会出现短线拉出长阳或涨停。第一个细节是股价窄幅震荡的时候，经常会看到相对大一些的买单把卖一甚至卖二、卖三的挂单都吃掉，但股价不会因为这些看上去很大的买盘向上运行。这个细节主力的目的是尽可能在这个位置消化掉短线浮筹，把挂单相对较低的卖盘全部吃掉，免得股价拉升时这部分浮筹抛售，影响股价上升的速度。第二个细节是如果当天大盘指数出现下跌，有的时候跌幅还很大，比如跌幅 1% 以上，我们的目标股几乎不会受指数的下跌影响，偶尔有大单打压股价，但很快股价又回到窄幅震荡的区域。当投资者看到这样的走势以后，目标股出现直线拉升的可能性就很大。大盘大跌，目标股拒绝下跌的重要原因是有大资金在承接抛盘。这时候的承接抛盘的资金是在等持股不坚决的投资者卖出，也可以说这个阶段是主力在做最后的洗盘。第三个细节是当股价窄幅震荡一段时间后，盘口会显示买盘持续性很好，我们观察成交过程时会发现在窄幅震荡区间内，只要出现稍微大一点的卖盘，就会被直接吃掉，这个过程还会出现成交价慢慢向上偏离当天的成交均价的走势。看到这样的走势一定要盯住股价的变化，盯住每一笔成交，因为这样的盘口出现以后，股价随时可能直线拉升。

八、短线建仓必须坚决

坚决建仓是短线狙击牛股的最关键的环节。投资者把前面的市场特征看懂，目标股选得越精准。没能在最关键的时间点上完成建仓是没有实际意义的。因此，在最后一个环节建仓尤为重要。一般情况下建仓分两种情况。

第一种情况是等待市场特征完全吻合时再出手建仓。这样的建仓方式比较安全。因为，完全符合市场特征的形态只要出现，当天拉出长阳线或涨停的可能性非常大，如果按百分比计算，成功率会在 80% 左右。我们来看一下安洁科技拉升前的走势（见

图 10-16）。2014 年 4 月 17 日 11 点之前，股价与均价线黏合在一起，多数时间股价在均价线上方。11 点以后，安洁科技的成交价开始向上运行，成交价比当天的成交均价高出约 1%。13 点 30 分以后，股票的成交价带动成交均价向上运行。当投资者看到这样的盘口变化时，就需要果断进场买入。这里笔者强调的是进场买入，不是挂单等着成交。因为只要稍微犹豫几分钟，股价就会大幅上涨，再想在相对低一点的位置买入就很难了，或者说错过了一只准备了很久的目标股的买入机会。大家应该看到了当股价拉升的时候，基本是没有回调的。因此，这种形态的个股错过第一买点后如果想买只能追高了，不会像很多个股，即使错过第一买点，当天或者第二天也会有第二买点。

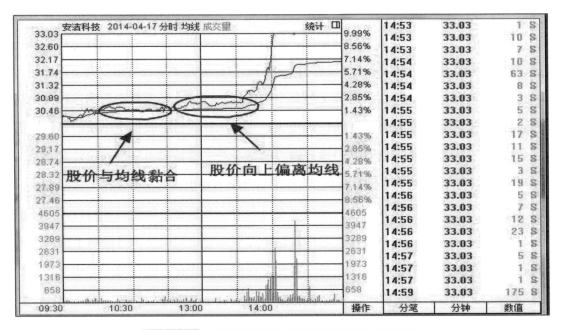

图 10-16 安洁科技股价上涨前股价向上偏离均线

第二种情况是看成交量的变化。我们来看一下紫金矿业符合条件后拉出涨停当天成交量的变化（见图 10-17）。紫金矿业开盘后股价一直与均价线黏合，时而在均价线上方震荡，时而在均价线下方震荡，股价在均价线下方震荡的时候，给投资者的感觉有点像要破位下跌，但无论有多少抛盘，股价都不会向下偏离均价线过远，一般也就是低于均价线 1%。当抛盘减弱，股价很轻松地就回到均价线上方。当我们看到抛盘越来越少的时候，股价就要开始向上突破了。这时候不要离开电脑，当我们看到成交量突然放大到之前成交量的5~10倍时，就要马上进场。给大家解释一下成交量放大是什么意思。我们平时看股票行情的软件有很多种，成交活跃的股票在多数行情软件上每分钟成交回报在12~20笔之间。也就是每3~5秒钟可以看到一笔成交回报。当我们看到符合条件的个股出现以下情况时就要坚决买入。比如说紫金矿业每一笔回报成交量为3万股左右，这里的3万股不是一个人买卖的，而是在3~5秒参与买卖所有人的成交总和，可能是一个人，也可能是几个人甚至几十个人。在股价正式拉升前会出现突然放量，每一笔成交回报的成交量可能放大到之前的5~10倍，如果投资者看到连续几笔这样的成交量就要马上跟进，因为只要成交量放大，符合条件的股票拉升的速度会非常快，可能我们犹豫了2分钟，就会出现3个点的涨幅。大家再来看看紫金矿业拉升时的走势，从放量开始到涨停板只用了约20分钟的时间，拉升过程中只做了一次回调，回调的时间也非常短。之后就巨量封住了涨停板。

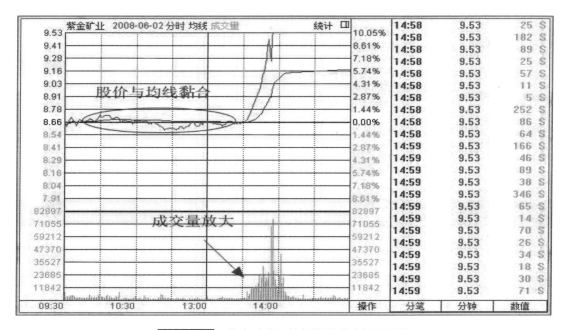

图 10-17 紫金矿业股价与均线黏合放量涨停

投资者看到这里，应该已经清晰地了解狙击短线牛股的方法了，笔者还要再强调两件事。

第一件事是在选择股票的时候有一类股票是要排除在外的，就是超级大盘股。

第二件事是如果股票早盘的时候直接出现高开 3 个点以上窄幅震荡，笔者不建议去操作。因为早盘高开已经消耗过多的做多能量，股价继续拉升幅度不会很大，相对于我上面介绍的方法，获利的机会就小一些。

狙击牛股的操作就是在一个下跌形态后，出现技术性修正的过程。因为股价一路下跌，中间没有出现反弹，这样的个股就会积累足够的做多能量，可以支撑股价出现至少一个涨停板或者再多一点的涨幅。

在前面的内容里笔者谈到了如何寻找振幅在 2% 以内的个股，但要找到其他的条件的个股投资者可能觉得难度很大。如果一只股票一只股票地看，这肯定是一个浩大的工程，笔者教各位投资者一个简单的方法。投资者可以在开盘 20 分钟后，查看振幅排行榜中振幅比较小的股票，比如说有 20 只股票，我们再去和前面的条件进行对比，最后确定几只股票后进行跟踪，观察走势和量能，如果出现机会就可以出手了。这样就不用浪费大量的时间去选股，投资者只需要先找到符合当天可能向上突破的个股，再反推回去对照其他条件，就可以轻松地完成整个选股过程。

均价线就是股票当天的成交均价。一般情况下，股价在均价线上方运行，其走势就比较强，盘中股价下探均价线会在得到支撑后再度上涨，上涨的真实性就比较高；相反，如果股价多数时间在均价线下方运行，每次股价反弹到均价线附近都遇阻，说明这只个股当天的走势很弱，均价线很可能压制股价震荡下行。

第三节　如何狙击涨停个股

股票市场吸引了千千万万的投资者参与交易，最重要的原因是股票市场总会给投资者带来希望，虽然多数投资者在股市中没有赚到钱，但也会一如既往地期待买到那些能够大涨的个股。沪、深两市几乎每天都有股票涨停的个股，在指数涨跌幅度不是很大的时候，每天涨停的个股大约占所有股票的 0.5%。也就是说，只要大盘不出现单日大幅下跌，每天都会有几十只个股涨停。对于多数投资者来说买到马上能够上涨会涨停的个股难度是非常大的，主要原因是对于涨停个股涨停前的主要市场特征了解得不多。能够真正静下心来炒股的投资者只要掌握了个股上涨前的主要市场特征，就可能会买到即将开始上涨的个股或直接涨停的个股。本节以案例的方式描述上升形态中涨停前个股的主要市场特征和下跌形态中个股涨停的主要市场特征。

一、上升形态中涨停个股的市场特征

我们来看漫步者（002351）上升过程中涨停前的几个主要市场特征（见图10-18）。

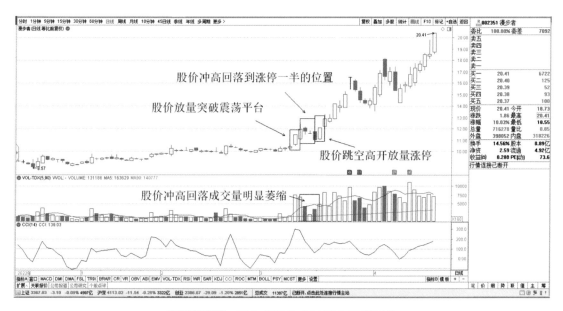

图10-18 漫步者股价突破平台缩量回落

2023年3月17日漫步者开盘跳空高开涨停报收，成交量再次放大。每一只个股涨停都会有原因，比如说当日公布了重大利好，比如说股价已经运行到可能发生中短趋势改变的时间节点，也可能有其他比较典型的支持股价大幅上涨的原因，总之股价大涨特别是涨停一定有原因。

笔者注意到漫步者涨停前出现了以下几个比较典型的市场特征。

第一个市场特征是3月10日漫步者放量上涨突破了长达一个月的震荡平台，这一天在平台买入股票的投资者都实现了盈利，其中一部分投资者会因为盈利获利了结，也会有一部分投资者因为大幅减亏选择止损。也可以说，这一天如果没有更多的做多资金承接抛盘，股价是不可能涨停的。当日股价涨停也就比较清晰地传递了该股向上运行的欲望是比较强烈的，其后股价震荡上涨的概率也就会比较大。

第二个市场特征是 3 月 13 日漫步者冲高后回落，三个交易日后股价下跌到 3 月 10 日涨停当日涨幅一半的位置。上升形态中股价向上突破后回落到标志性阳线即 3 月 10 日股价涨停一半或更高一点的位置企稳并开始再次上涨，形态上属于强势形态，特别是股价回落时成交量出现明显萎缩更明确地传递了大盘短线抛压很轻，股价具备再次上攻的能力。标志性阳线是指指数或股价突破某一个关键的技术位，比如说重要的均线、长时间构筑的平台的高点，或者是大盘或个股改变趋势的大阳线。一般情况下标志性阳线对应的成交量都会明显放大，对应的阳线多数是大阳线或涨停板。

第三个市场特征是漫步者股价向上突破前出现了明显的缩量，连续三个交易日成交量只是五日均量的 60% 左右（见图 10-19）。上升形态中指数或股价回调成交量萎缩，特别是股价快速下跌，萎缩的幅度大于股价下跌前最大日成交量的 50% 说明短线的做空能量已经很弱，基本具备再次上涨的条件。只要多方主动发力，股价有效突破上方的压力位的可能性就比较大。该股 3 月 2 日开始的三个交易日成交量大幅萎缩足以说明股价短线向下动力已经很弱，即使股价短线不能向上直接突破，不会太久也会收出大阳线突破横盘震荡的平台。

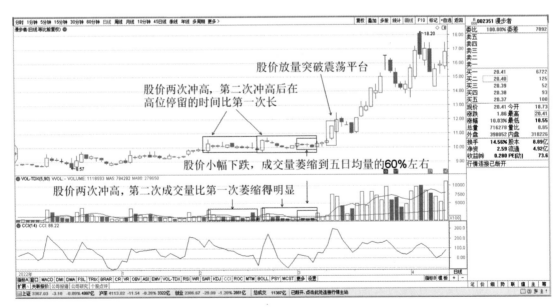

图 10-19 漫步者上涨前成交量出现了明显的萎缩

第四个市场特征是漫步者的股价两次放量冲高后震荡回落，看上去走势区别不大。

但从能量的转换过程分析，就不难发现股价第二次冲高回落时的做空能量明显弱于第一次冲高回落时的做空能量（见图 10-19）。下面描述一下两次冲高回落过程中 K 线形态传递的信息。2 月 3 日该股股价第一次冲高，当日股价最高点是 10.62 元，收盘上涨 5.11%。次日股价跳空低开，当日没能回补早盘的向下跳空缺口，这一天的走势说明当时的做空能量还比较强，股价短线上涨后很多投资者经过一晚上的思考认为股价很难持续上涨，决定卖出股票等待回调。正是因为很多投资者有这样的想法，次日股价才会低开，其后才会震荡下跌到第一次放量冲高阳线的低点位置。

2 月 20 日该股股价第二次冲高，次日出现冲高后的最高点 10.71 元。该股第二次冲高次日股价并没有像第一次冲高那样直接低开，而是盘中有一个冲高的动作，第二次冲高在相对高点停留的时间比第一次长，说明第二次冲高时做多能量比第一次强。第二次冲高后股价震荡回落的位置并没有像第一次一样回落到放量冲高阳线的起点位置，也就是说第二次回调低点的位置比第一次回调低点的位置高，这也在传递该股做多能量在增强。更重要的是两次冲高后回调的成交量也发出了比较明确的做多能量再增强的信号。简单点说，第二次冲高后成交量萎缩的速度比第一次冲高后成交量萎缩的速度快。笔者把股价两次冲高后的市场特征对比后各位投资者可能会发现，该股出现第一个涨停前已经出现了很多对多方有利的市场特征。

当 3 月 10 日漫步者放大量突破平台之后快速缩量回调确认平台的支撑时，2 月以来的 K 线形态、成交量变化等就已经在告诉我们漫步者将走出较强的上升形态。虽然这时候还不能认定股价即将出现涨停，但股价再次放量收出大阳线几乎是大概率，如果股价上涨抛压不大，当日或次日出现涨停的概率也就比较大。

我们再来看看联特科技（301205）涨停前出现的几个主要市场特征（见图 10-20）。

2022 年 9 月 13 日联特科技上市，当日最高价格为 58 元，其后股价持续下跌，10 月 10 日出现低点 37.11 元。由于股价短期跌幅接近 40%，短线出现技术性反弹属于正常走势。股价出现一小拨反弹后很快就开始再次下跌，2023 年 1 月 3 日股价出现第二个低点 37.58 元。上述走势实际上就是新股上市以后的价值重估，很多个股上市的时候股价很高，其后很长时间股价可能会逐浪下跌。而有些个股上市以后定位偏低，短暂震荡后就会逐浪走高。联特科技的上市定价就属于偏高，出现价值回归是比较合理的走势。股价经过两次确认37元到38元之后，完成了价值回归。理论上第二次股价确认结束后，该股就能走出一拨新的上升形态。

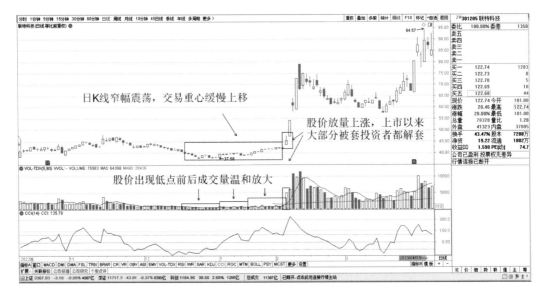

图 10-20　联特科技成交量温和放大后股价大涨

2023年1月3日该股出现重要低点后开始缓慢上涨。各位投资者请仔细观察最初一段缓慢上涨的K线形态及对应的成交量之间的关系。我们不难发现从低点开始成交量实际上分为三个阶段：第一阶段成交量非常非常的小，第二阶段成交量有小幅放大的迹象，第三阶段成交量再次小幅放大。而对应的K线形态呈现的是第一阶段K线呈现底部夯实形态，第二阶段股价缓慢上涨，第三阶段股价上升速度略有加快。换句话说，股价上升的快慢与成交量放大的幅度成正相关。整个成交量温和放大，股价小幅上涨的过程实际上就是多方逢低收集筹码的过程。随着股价的缓慢上升，投资者卖出股票的意愿开始增强，这也是成交量出现连续温和放大的主要原因。以上市场特征就是联特科技之后出现短线快速上涨的第一个主要市场特征。

2023年2月3日、2月7日联特科技股价连续跳空高开，该股第二个跳空高开的位置已经高于该股第一低点出现后的反弹最高点。也可以说过去很长时间买入该股的投资者都已经获利或者是解套。我们试想一下，当一只个股在低位徘徊较长时间后多方主力主动将股价拉高到几乎让所有的投资者获利的位置，股价能够在高位持续承接抛盘，足以说明承接抛盘的资金对后市的信心满满，敢于主动承接获利盘或解套盘。大资金敢于成，敢于在高位承接抛盘。是该股之后短线继续，大幅上涨的第二个主要市场特征。

我们再来看一下技术指标在股价低位震荡及小幅上涨时的运行形态（见图10-21）。6日逃顶抄底常用的RSI指标在股价第二次出现低点后的第二天就运行到中轴线50以上，2023年2月1—6日逃顶抄底常用的RSI指标直接就运行到80以上的强势区间，截至当日股价从低点上涨只有10%多一点。我们都知道技术指标RSI先于股价向上发力运行到强势区间说明做多能量比较强劲，更重要的是股价第二低点出现前24日逃顶抄底RSI已经走平。随着股价小幅上涨，24日逃顶抄底RSI很快就回到了中轴线50之上。24日逃顶抄底RSI重新回到50之上，预示着股价的中期形态已经从之前的调整形态运行到新的上升形态。这也是之后该股出现涨停前的第三个重要市场特征。

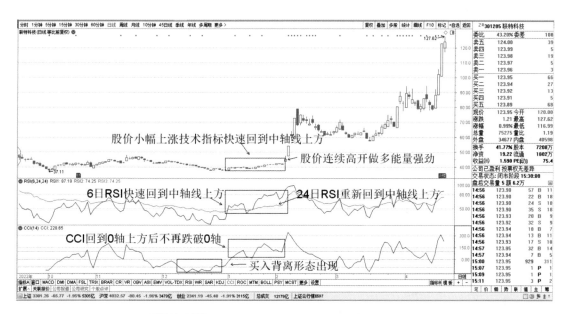

图10-21 联特科技日线技术指标发出走强信号

先行指标CCI的运行形态与逃顶抄底常用的RSI指标的运行形态类似，也是在第二低点出现后股价刚刚小幅上涨，该指标就回到了中轴线0轴上方。值得注意的是，该指标回到0轴上方以后，即使股价出现短暂的调整，该指标也没有再次跌破0轴，这说明先行指标CCI已经开始走强。另外，在股价出现第二低点时先行指标CCI已经走出了比较清晰的买入背离形态。这也是在传递该股已经结束了调整形态，即将运行到新的上升形态。这也是之后该股出现在涨停前的第四个重要市场特征。

上述四个市场特征出现以后，虽然不能说股价一定出现涨停，但股价第二个跳空高开的位置让大部分投资者都实现了解套，这传递了多方做多的决心，因此之后股价出现涨停就比较合情合理了。

二、下跌形态中涨停个股的市场特征

下跌形态中涨停的个股的主要市场特征与上升形态中涨停的个股的主要市场特征有明显的区别。一般情况下，下跌形态中出现涨停基本上都是下跌过程中股价跌幅较大后出现的技术性修正。技术性修正分为两种形态；第一种形态以快速上涨收出大阳线或涨停来完成修正，第二种形态则是缓慢反弹完成对下跌的修正。无论下跌形态的修正以哪种形态完成，之后股价继续下跌并创出新低的可能性都比较大。因此在下跌形态中参与一些符合收出中阳线甚至涨停形态的市场特征的个股，如果股价出现上涨或者是涨停都应该考虑寻机卖出，不要有太多的期待，期待太多就有可能中线被套。

我们来看看华润双鹤（600062）涨停前后的几个主要市场特征（见图10-22）。

图 10-22　华润双鹤（600062）出现低点前 CCI 已经掉头向上

2022 年 12 月 30 日，华润双鹤继续创出新低，日线对应的技术指标 CCI 并没有同步创出新低，而是提前几个交易日已经掉头向下，这说明股价短线做空能量已经很弱，次日该股跳空高开放量涨停。正常情况下，股价短线下跌后掉头上行放量涨停，日线对应的先行指标 CCI 至少会运行到 0 轴上方震荡，但是我们看到该涨停当日对应的参数仅为 -53.87，说明当时的做多能量并不是很强。股价上一个交易日出现的低点，可能只是下跌过程中的技术性低点，而不是一拨中期调整的终点。出现上述走势后，如果次日或之后的几个交易日股价不能够继续震荡走高，就很可能是下跌形态中的技术性修正。

我们再来看一下华润双鹤涨停前的主要市场特征（见图 10-23）。2022 年 12 月 12 日该股见顶后开始回落，2022 年 12 月 27 日，华润双鹤收盘大跌 9.13%。盘口显示，盘中抛盘较大，但股价始终没能封住跌停板。也就是说股价大幅下跌，却有资金在跌停板上方一点的位置持续承接抛盘。各位可以想一下，当一只股票即将跌停的时候，大部分中小投资者是否还敢于大胆进场做多？实际上结论很简单，在上述市场状态下，敢于全线出击大举买入的只能是那些对后市较为乐观的机构投资者。我们换一个角度来看，如果大阴线当天真的是机构投资者在卖出股票，那么当日的成交量可能会非常大。实际上虽然股价大跌 9% 以上，当天的日成交量却比之前的成交量小很多。所以我们可以基本认定，当日大跌做空的主要动力来自中小投资者，承接的主要动力来自一些机构投资者或者是一些先知先觉的中小投资者。

很多时候机构投资者为了达到逢低买入廉价筹码的目的，经常会使用一些误导投资者的操作策略。比如说开盘之后主力机构狠狠地打压股价，将股价压到相对较低的位置，真正直接打压到跌停板。表面上看股价已经走弱，主力已经开始出逃，持有该股的投资者可能就会因为担心次日股价继续下跌，而选择在跌停板附近卖出股票。如果这个时候没有主力资金承接，那么股票很容易直接封在跌停板上。而华润双鹤的分时走势足以证明盘中股价大跌后有资金逢低买入。

我们再看一看技术指标 RSI 的形态。华润双鹤股价涨停收盘后，日线对应的逃顶抄底常用的 RSI 运行到 49.36，并没有运行到中轴线上方。逃顶抄底常用的 RSI 指标从下向上攻击到50附近，如果不能马上向上运行，逃顶抄底常用的RSI指标只要掉头向下，股价就会同步回落。该股涨停板次日逃顶抄底常用的RSI指标与股价同步回落，即使之后有再次向上运行的动作，也没能真正形成突破。对于投资者来说，当看到上述市场特征的时候，就应该提高警惕，如果已经持股就要考虑寻机降低仓位或全线撤退。

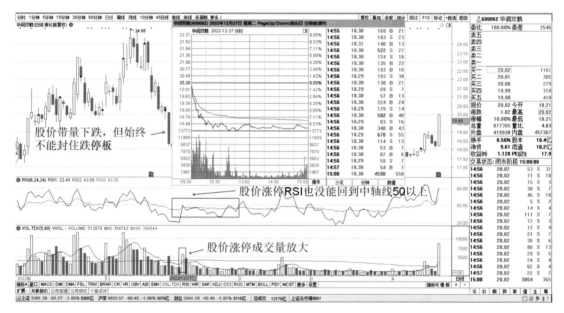

图10-23 华润双鹤（600062）放量大跌无法封住跌停

从操作的角度看，当股价出现涨停或较大的阳线之后，技术指标没能迅速地运行到强势区域，比如说技术指标的中轴线上方，我们就要考虑股价的反弹是否属于下跌形态的技术性反弹。特别是经过几个交易日股价和技术指标还不能运行到强势区域，更应该警惕之后的下跌风险。因为下跌的形态一旦形成可能需要较长的时间才能完成下跌形态，而下跌形态中出现技术性反弹之后，短线向下的空间一般不会太小。

我们再来看一个下跌形态中出现的涨停板的案例（见图10-24）。2022年12月19日，新华制药短线大幅上涨后出现重要高点开始回落，2023年2月17日股价经过持续下跌后拉出了涨停板，我们来看一下新华制药涨停板前后出现的主要市场特征。

2023年2月17日新华制药以涨停板报收，该股涨停之前6日逃顶抄底常用的RSI指标并没有走出买入背离形态，该指标传递给投资者的是即使之后股价出现反弹，其做多能量也不是很强。另外24日逃顶抄底常用的RSI指标也没能在涨停板出现之前重新回到中轴线上方，这说明股价涨停前该指标的形态没能转强，股价涨停人为的痕迹比较明显。技术指标没有出现缓慢走强的形态前，股价却收出了涨停，就好比运动员还没有做好比赛的准备，就匆忙上场参赛，这样的状态怎么可能获得好成绩？因此，逃顶抄底常用的RSI指标传递的信息比较明确，逃顶抄底常用的RSI指标对应的参数没能重新回到中轴线上方，形态上最多可以认定股价涨停只是下跌过程中的反弹。

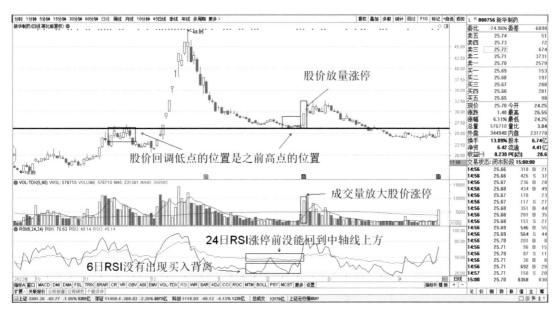

图10-24　新华制药（000756）涨停前逃顶抄底常用的RSI指标没有走强迹象

新华制药涨停板之后的几个交易日，股价反复冲高到32.6元附近，没能走出持续上涨的形态。值得注意的是，新华制药涨停板之后的高点的位置与2022年12月29日出现的抵抗性十字星的高点位置非常接近。我们都知道下跌形态中出现抵抗性十字星说明多方在当日主动承接抛盘，一旦抵抗性十字星的低点被跌破，其后股价反弹时很可能在抵抗性十字星附近遇到较大的阻力。新华制药涨停后反复攻击十字星的位置没能够形成突破（见图10-25），这时候做空能量就会快速上升，新一轮的下跌可能就要开始。或者说股价涨停之后冲高已经完成了下跌过程中的技术性反弹，投资者这个时候一定要高度重视，特别是股价向下破位后不要幻想能够在短期内再次大幅上涨。

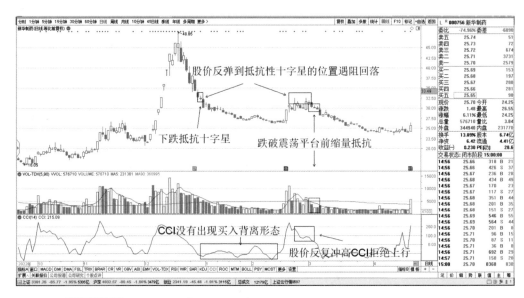

图10-25 新华制药（000756）反弹高点位置刚好是抵抗十字星的位置

再看一下2023年3月3日、3月6日两个交易日的K线形态，这两个交易日K线形态呈现窄幅震荡。值得注意的是，这两天日K线的位置是该股涨停之后反复冲高形成的平台的下沿附近。形态理论K线篇对上述形态有比较详细的描述，简单点说，就是平台震荡过程中股价的交易重心明显下移到震荡平台的下沿附近，成交量出现萎缩，其后股价有效跌破平台的概率就比较大，一旦跌破震荡平台就可以认定该股中短线形态走弱。3月7日，新华制药向下有效跌破平台，虽然之后多方短暂抵抗，但股价还是持续下跌。各位投资者，看到这里就不应该再期待该股之后还能够继续走强，下跌形态的个股在下跌过程中出现反弹，往往会让很多投资者信心倍增。但是，如果出现一些比较典型的市场特征，比如说本案例中谈到的股价反复攻击某个关键技术位或者是交易重心下移等都应该谨慎对待。

多数时候一些个股涨停前、涨停后的市场特征能够传递很多比较明确的信号，这些市场特征能够比较清晰地告诉我们当时个股是运行在上升形态还是下跌形态，当我们确定了股票所运行的形态之后就可以按照其运行形态的市场特征坚决做多或寻机出货。最后提醒各位投资者，下跌形态没有结束前出现的涨停能够很好地调动市场人气，很多投资者都会认为股价已经企稳，新的一轮上涨已经开始。但历史经验告诉我们，在下跌形态没有走完之前，每一次出现技术性反弹或者短期快速上涨都是比较好的逃顶机会，如果盲目追涨，短线甚至中线被套不可避免。

182